Conocer los Mercados

Para no naufragar en el mundo financiero

oBscura Markets

Copyright © 2024 oBscura Markets

Todos los derechos reservados.

Los mercados financieros son herramientas increíblemente poderosas para transferir riqueza de aquellos que no están totalmente preparados a aquellos que lo están.

Tony Robbins

ÍNDICE

Contenido

I. Los Mercados 9
   1.1 Mercados de Activos Financieros 10
   1.2 Mercados de Materias Primas. 15
   1.3 Mercado de divisas 17
   1.4 Importancia y Función en la Economía Global 18
II. Mercados de Activos Financieros 21
   2.1 Mercado de Acciones: 21
      Estructura y Funcionamiento del Mercado de Acciones 23
      Tipos de órdenes en el mercado. 25
      Participación y roles: 27
      Principales Bolsas de Valores Mundiales: 29
   2.2 Mercado de Bonos 31
   2.3 Mercado de Derivados 36
      Mercado de Futuros 39
      Mercado de Opciones 41
      Swaps 43
      Características y funcionamiento de los derivados 44
   2.4 Mercado de Divisas (Forex) 46

    Principales pares de divisas 48

    Participantes del Mercado de Divisas 50

    Factores que Influyen en los Tipos de Cambio 52

III. Mercados de Materias Primas 55

    3.1 Mercado de la Energía 57

        Petróleo 58

        Gas Natural 60

    3.2 Mercado de Metales: 62

        Oro 63

        Plata 64

        Cobre 66

    3.3 Mercado Agrícola: 67

        Trigo 69

        Maíz 71

        Café 72

IV. Mercado de Criptoactivos 73

    4.1 Tipos de Criptoactivos: Explorando el Universo Digital 74

    4.2 Funcionamiento de los mercados de criptoactivos 76

    4.3 Factores que Influyen en los Precios de los Criptoactivos .. 78

    4.4 Opciones de inversión en Criptoactivos 80

V. Influencias en los Mercados 83

    5.1 Factores Económicos. 86

    5.2 Política Monetaria y Fiscal 89

    5.3 Geopolítica 91

    5.4 Desastres Naturales y Eventos Globales 93

VI. Estrategias de Inversión 97

    6.1 Análisis Fundamental 99

6.2 Análisis Técnico 101

6.3 Gestión del Riesgo 103

6.4 Diversificación de Cartera 105

6.5 Nuevos instrumentos de inversión 107

    Diferencias entre ETFs y Fondos Indexados. 109

VII. Regulación y Supervisión de los Mercados 111

    7.1 Organismos Reguladores Internacionales 114

    7.2 Organismos Reguladores Europeos y nacionales 117

    7.3 Legislación Nacional 120

    7.4 Cumplimiento y Ética en los Mercados: 122

VIII. Tendencias y Desafíos Futuros 125

    8.1 Digitalización de los Mercados 127

    8.2 Cambio Climático y Sostenibilidad 129

    8.3 Innovaciones Tecnológicas 131

    8.4 Globalización y Fragmentación de los Mercados: 132

EPÍLOGO 137

I.Los Mercados

Los mercados, en su definición más básica, no son más que "entornos donde se lleva a cabo el intercambio de bienes, servicios, activos financieros, materias primas o cualquier otro producto entre compradores y vendedores. Estos intercambios se realizan a través de una serie de mecanismos que permiten establecer precios y facilitar las transacciones entre las partes involucradas"

Pero sin embargo los Mercados son mucho más. Son pilares fundamentales de la economía global, desempeñando un papel crucial en la asignación eficiente de recursos, la generación de riqueza y el funcionamiento suave del sistema económico y financiero mundial.

Su importancia radica en su capacidad para movilizar el capital, facilitar la inversión, proporcionar liquidez, descubrir precios y ayudar a los inversores a diversificar y gestionar el riesgo en un entorno cada vez más complejo y volátil.

Pero su relevancia va más allá de las cifras y los gráficos; son los motores que impulsan el crecimiento, la innovación y el progreso en todo el mundo. Por eso, entender su funcionamiento y su impacto es fundamental para cualquier persona que quiera navegar por las aguas turbulentas del mundo financiero.

Observar estos mercados es como intentar guiarse por las estrellas en el cielo nocturno en medio de un mar embravecido. Los movimientos en los precios de los activos financieros y materias primas pueden ofrecer pistas sobre la dirección futura de la economía global, desde la inflación hasta las condiciones macroeconómicas y los desarrollos geopolíticos. Pueden ayudarnos a tomar la dirección correcta y evitar que nos destrocemos contra las rocas de la costa o que nos engulla la próxima ola gigante.

Adentrémonos en ese mundo.

1.1 Mercados de Activos Financieros.

Los mercados de activos financieros son entornos donde se negocian instrumentos financieros que representan derechos de propiedad o deuda sobre activos subyacentes. Estos mercados permiten a los participantes comprar, vender o intercambiar una enorme variedad de activos financieros de múltiples tipos, lo que permite la transferencia eficiente de fondos entre los que tienen excedentes de capital y aquellos que necesitan financiamiento para el desarrollo y expansión de sus negocios, y, en definitiva, el crecimiento económico.

De este modo, los mercados de activos financieros son el corazón mismo del sistema económico global. Son como el pulso que mide la salud y la vitalidad de las economías y las empresas.

El objeto de intercambio en estos mercados son los Instrumentos Financieros, es decir, todo lo que tenga que ver con el dinero en su forma más líquida: acciones que representan participaciones en empresas, bonos que son deudas que emiten empresas y gobiernos, derivados que son contratos cuyo valor depende del valor de otro activo subyacente, y, por supuesto, las divisas que reflejan la salud y la estabilidad de las economías.

Los Mercados de Activos financieros cumplen una serie de funciones que les otorgan su papel preponderante en la economía mundial.

Facilitar la Liquidez: Estos mercados son como la plaza de un pueblo antiguo, donde la gente va a intercambiar bienes y servicios, solo que aquí el bien que se intercambia es el dinero en forma de activos financieros. La liquidez es fundamental porque permite que el dinero fluya de manera rápida y eficiente, lo que garantiza que siempre haya compradores y vendedores dispuestos a hacer negocios.

Descubrimiento de Precios: Imagina un mercado bullicioso donde se gritan ofertas y demandas, y donde los precios se mueven constantemente en respuesta a la oferta y la demanda. Así es como funcionan estos mercados, donde los precios se determinan en tiempo real según la interacción entre compradores y vendedores, en fusión de la oferta y la demanda que en cada momento cristaliza en un precio.

Canalización del Ahorro hacia la Inversión: Aquí es donde el dinero ocioso encuentra su propósito, financiando proyectos, estados o empresas que impulsan el crecimiento económico. Los mercados de activos financieros son como la corriente que lleva el agua desde la montaña hasta el valle, asegurando que el capital fluya hacia donde más se necesita.

Reducción del Riesgo: En estos mercados, los inversores pueden diversificar sus carteras, distribuyendo sus inversiones en diferentes clases de activos y valores. Esto ayuda a reducir el riesgo, permitiendo a los ahorradores derivar su capital entre un enorme conjunto de instrumentos, de sectores o de ámbitos geográficos, cada uno con su propia relación de riesgo/beneficio.

Por su tipología, de un modo amplio, podemos distinguir dos tipos de mercados financieros:

Mercados Primarios: Aquí es donde nacen los activos financieros, donde se lleva a cabo la primera emisión y venta de acciones y bonos. Es como el día del nacimiento de una empresa, cuando emite sus acciones al público por primera vez. En estos mercados, los activos financieros se emiten por primera vez y se venden directamente a los inversores. Las transacciones en el mercado primario proporcionan financiamiento directo a las entidades emisoras.

Mercados Secundarios: Una vez que los activos financieros han salido al mundo, encuentran su hogar en estos mercados, donde se compran y venden entre inversores sin la participación directa de la empresa emisora. Es como un mercado de segunda mano, pero con acciones y bonos en lugar de cosas materiales.

Aquí, los activos financieros ya emitidos se negocian entre inversores, sin la participación directa de la entidad emisora. Los mercados secundarios proporcionan liquidez a los inversores al permitirles comprar y vender activos después de la emisión inicial.

De mismo modo, podemos establecer también una tipología amplia de los distintos actores que intervienen en estos mercados:

Inversores Institucionales: Fondos de inversión, fondos de pensiones, compañías de seguros, bancos, agencias de valores y otros intermediarios financieros que gestionan grandes carteras de inversión. Son los grandes jugadores, las ballenas que mueven grandes sumas de dinero en nombre de fondos de inversión, compañías de seguros y otros intermediarios financieros. Son como los gigantes de la selva financiera, siempre al acecho de la mejor oportunidad de inversión.

Inversores Minoristas: Aquí estamos nosotros, individuos y hogares que participan en el mercado financiero a través de cuentas de corretaje, fondos mutuos u otras plataformas de inversión. Somos como los pequeños peces en un estanque grande, pero también tenemos nuestro lugar en este ecosistema financiero.

Entidades Emisoras: Compañías, gobiernos y otras entidades que emiten activos financieros para financiar operaciones o proyectos. Son como los arquitectos que diseñan y construyen los edificios financieros que dan forma al paisaje económico.

Así pues, los mercados de activos financieros son el motor que impulsa la economía global, donde el dinero fluye libremente y las oportunidades de inversión abundan. Son el escenario donde se escriben las historias de éxito y fracaso de empresas y emprendedores, y donde cada transacción es una pieza del rompecabezas que es la economía mundial.

1.2 Mercados de Materias Primas.

En complejo universo financiero, los mercados de materias primas son como gigantes dormidos que sacuden la tierra con cada movimiento. Los mercados de materias primas son el escenario donde se negocian los recursos básicos que componen la columna vertebral de la economía global. Aquí es donde se intercambian productos como los diferentes insumos energéticos, metales industriales y preciosos, así como productos agrícolas básicos. En definitiva, las materias primas fundamentales para la producción y el consumo en todo el mundo.

De esta forma, por la clase de productos que se negocian cabe distinguir entre los siguientes tipos de mercados:

Energía: Como el petróleo crudo, el gas natural y los productos refinados como la gasolina y el gasóleo. Estos recursos son vitales para la industria, el transporte y la generación de energía.

Metales preciosos: Como el oro, la plata, el platino y el paladio, utilizados en la fabricación de una amplia gama de productos, desde joyas hasta componentes electrónicos.

Metales industriales: cobre, aluminio, plomo, estaño, aleaciones de aluminio, níquel, cobalto y molibdeno, así como hierro y acero, con fines industriales y de construcción.

Productos Agrícolas: Como el trigo, el maíz, el café, el cacao y el azúcar. Estos productos son la base de la alimentación humana y animal, así como de numerosos productos procesados.

Al igual que en cualquier mercado, los precios de las materias primas se determinan por la interacción entre la oferta y la demanda. Los cambios en la oferta, como la producción agrícola o la extracción de petróleo, y en la demanda, como el crecimiento económico o los cambios en los patrones de consumo, pueden tener un gran impacto en los precios de estas materias primas.

Pero aquí, en el reino de las materias primas, los precios están influenciados por más que solo la ley de la oferta y la demanda. Los caprichos del clima, los susurros de la geopolítica y los golpes del destino pueden enviar ondas de choque a través de estos mercados, sacudiendo los cimientos mismos de la economía mundial.

En muchos casos, las materias primas se negocian a través de contratos de futuros y opciones, que permiten a los participantes protegerse contra el riesgo de fluctuaciones de precios y especular sobre los movimientos futuros del mercado.

En definitiva, los mercados de materias primas constituyen la columna vertebral de la economía mundial, proporcionando los insumos básicos necesarios para la producción y el consumo en todos los rincones del planeta. Los cambios en los precios de estas materias primas pueden tener un impacto significativo en la inflación, el crecimiento económico y la estabilidad financiera a nivel mundial, e incluso afectar a la estabilidad social y política de las naciones. Desde las fábricas de China hasta los campos de trigo de América del Norte, todo está conectado en esta red global de intercambio de materias primas, donde cada movimiento tiene el potencial de sacudir el mundo entero.

1.3 Mercado de divisas

El mercado de divisas, comúnmente conocido como Forex (abreviatura de "foreign exchange" en inglés), es el mercado global descentralizado donde se negocian las monedas de diferentes países. Es el mercado financiero más grande y líquido del mundo, con un volumen diario de transacciones que supera los billones de dólares.

El mercado de divisas opera las 24 horas del día, cinco días a la semana, sin una ubicación física centralizada. Las transacciones se realizan electrónicamente a través de redes de comunicación entre bancos, instituciones financieras y operadores individuales en todo el mundo.

Las transacciones en el mercado de divisas implican la compra de una moneda y la venta simultánea de otra. Las monedas se cotizan en pares, donde la primera moneda se denomina moneda base y la segunda moneda se denomina moneda cotizada o de contraparte.

Los precios de las divisas están determinados por la oferta y la demanda en el mercado. Los factores que influyen en los tipos de cambio incluyen tasas de interés, políticas monetarias, indicadores económicos, eventos geopolíticos y flujos comerciales, entre otros.

El mercado de divisas es esencial para facilitar el comercio internacional y la inversión, proporcionando una plataforma para la conversión de una moneda a otra y la fijación de precios en transacciones globales. Su naturaleza descentralizada, la alta liquidez y su accesibilidad lo convierten en un lugar atractivo para una amplia gama de participantes, desde bancos centrales y grandes instituciones financieras hasta operadores individuales.

1.4 Importancia y Función en la Economía Global

En el dinámico escenario económico global, los mercados de activos financieros y materias primas desempeñan un papel fundamental, siendo motores de la actividad económica y financiera en todo el mundo.

Estos mercados son como el corazón palpitante de la economía global, bombeando capital y recursos hacia donde más se necesitan. Facilitan la inversión y el financiamiento de empresas, proyectos de infraestructura y emprendimientos, impulsando así el crecimiento económico y la creación de empleo.

Como hemos visto, los mercados de activos financieros y materias primas proporcionan un entorno líquido y eficiente donde los inversores pueden comprar y vender activos con facilidad. Esta liquidez garantiza que los fondos estén siempre disponibles para ser canalizados hacia nuevas oportunidades de inversión, promoviendo así la circulación y el uso efectivo del capital.

Además, la interacción entre la oferta y la demanda en estos mercados permite el descubrimiento de precios transparentes y eficientes para una amplia gama de activos y productos. Los precios reflejan las expectativas del mercado, las condiciones económicas y los factores de riesgo, proporcionando así información valiosa para inversores, empresas y responsables políticos.

Finalmente, estos mercados son unos potentes e imprescindibles indicadores económicos y de sentimiento: los movimientos en estos mercados pueden servir como indicadores adelantados de la salud económica y del sentimiento del mercado. Los precios de los activos financieros y materias primas pueden reflejar cambios en las condiciones macroeconómicas, las expectativas de inflación, las políticas monetarias y fiscales, y los desarrollos geopolíticos, proporcionando así señales importantes sobre la dirección futura de la economía global.

Conocer los Mercados

II. Mercados de Activos Financieros

2.1 Mercado de Acciones:

El mercado de acciones es el escenario donde se negocia la propiedad de las grandes empresas. Las acciones representan una fracción de la propiedad de una empresa y otorgan a los poseedores derechos económicos y de gobernanza en la misma. El mercado de acciones es un componente vital del sistema financiero global, donde los inversores buscan oportunidades de inversión y las empresas acceden al capital necesario para financiar sus operaciones y proyectos de crecimiento.

En este mercado, los inversores pueden comprar y vender acciones a través de intermediarios financieros como corredores de bolsa o plataformas de negociación en línea. Las transacciones se realizan en bolsas de valores, que son mercados organizados donde se cotizan y se negocian públicamente las acciones de las empresas.

La negociación de acciones en el mercado puede estar influenciada por una variedad de factores, que incluyen el desempeño financiero de la empresa, las condiciones económicas globales y locales, los eventos geopolíticos, las políticas gubernamentales y las expectativas del mercado. Los precios de las acciones pueden fluctuar en respuesta a estas variables, lo que brinda oportunidades para que los inversores obtengan beneficios a través de la compra y venta de acciones.

Los inversores en el mercado de acciones pueden adoptar diferentes estrategias de inversión, que van desde la inversión a largo plazo basada en fundamentos sólidos de la empresa hasta el trading a corto plazo basado en análisis técnico y tendencias del mercado. La diversificación de la cartera también es una práctica común para mitigar el riesgo al invertir en una variedad de acciones de diferentes sectores y regiones.

El mercado de acciones es un componente fundamental del sistema financiero global, proporcionando a los inversores un medio para participar en el crecimiento económico y a las empresas acceso al capital necesario para financiar sus actividades. Su funcionamiento es dinámico y está influenciado por una variedad de factores, lo que lo convierte en un área de interés y oportunidad para inversores de todos los niveles.

En definitiva, el mercado de acciones es un mundo fascinante y dinámico donde los inversores pueden buscar oportunidades de inversión. Es un juego emocionante, donde el conocimiento y la astucia pueden llevarte lejos, pero donde también hay riesgos que deben ser entendidos y gestionados con cuidado.

Estructura y Funcionamiento del Mercado de Acciones

El mercado de acciones es el epicentro donde convergen inversores, empresas y entidades reguladoras. Para comprender su dinámica, es crucial explorar su estructura y funcionamiento:

Bolsas de Valores: Son los principales escenarios donde se negocian las acciones de empresas públicas. Aquí, compradores y vendedores se encuentran para intercambiar acciones a través de sistemas de cotización electrónicos o mediante corredores en el parqué. Lugares como la Bolsa de Nueva York, el NASDAQ y la Bolsa de Tokio son verdaderos centros económicos mundiales, donde las acciones de las empresas más importantes del mundo se negocian a ritmo vertiginoso.

Índices Bursátiles: Son medidas que reflejan el desempeño de un grupo de acciones en el mercado. Calculadas como medias ponderadas en función del peso de las distintas empresas por las que se componen, como el S&P 500, el Dow Jones Industrial Average, el Nasdaq Composite o el IBEX 35 español, que rastrean las acciones de empresas líderes en distintos sectores. Son como el termómetro que mide la temperatura del mercado.

Intermediarios Financieros: Actúan como intermediarios entre los inversores y el mercado, facilitando la negociación de acciones. Incluyen corredores de bolsa, plataformas de negociación en línea y gestores de fondos de inversión.

Regulación y Supervisión: Los mercados de acciones están sujetos a una estricta regulación por parte de entidades gubernamentales y reguladores financieros. Esto debería garantizar la integridad del mercado, la protección de los inversores y la transparencia en las transacciones.

Órdenes de Compra y Venta: Aquí es donde los inversores entran en juego, colocando sus órdenes para comprar o vender acciones. Ya sea una orden de mercado para actuar rápidamente o una orden limitada para esperar el mejor precio, cada movimiento es crucial en este juego. Desarrollaremos este aspecto un poco más adelante, debido a su particular relevancia.

Operaciones y Liquidación: Una vez que se realiza una transacción de compra o venta de acciones, se lleva a cabo el proceso de liquidación, que implica la transferencia de la propiedad de las acciones y la compensación de los fondos entre las partes involucradas.

Volatilidad y Factores Externos: Los precios de las acciones pueden ser volátiles y están influenciados por una variedad de factores, como noticias económicas, informes de ganancias de empresas, eventos geopolíticos y políticas gubernamentales.

Comprender la estructura y el funcionamiento del mercado de acciones es fundamental para los inversores, ya que les permite tomar decisiones informadas y gestionar eficazmente sus inversiones en este emocionante y dinámico escenario financiero. El mercado de acciones es como una montaña rusa emocionante y llena de acción, donde cada inversor es un jugador en este juego financiero. Con una comprensión clara de su estructura y funcionamiento, los inversores pueden navegar con confianza por este mundo de oportunidades y desafíos.

Tipos de órdenes en el mercado.

En el mercado de valores, como ya hemos apuntado, los inversores pueden utilizar diferentes tipos de órdenes para comprar o vender valores. Estos tipos de órdenes les permiten especificar condiciones específicas para ejecutar sus operaciones. Algunos de los tipos de órdenes más comunes incluyen:

Orden de Mercado (Market Order): Una orden de mercado es una instrucción para comprar o vender un valor al precio actual del mercado. Esta orden se ejecuta de inmediato al mejor precio disponible en ese momento.

Orden Límite (Limit Order): Una orden límite es una instrucción para comprar o vender un valor a un precio específico o mejor. Si está comprando, la orden se ejecutará al precio límite o por debajo de él. Si está vendiendo, la orden se ejecutará al precio límite o por encima de él. Si el precio no alcanza el límite especificado, la orden puede permanecer pendiente hasta que se cumplan las condiciones.

Orden Stop (Stop Order): También conocida como orden de *stop-loss*, es una instrucción para comprar o vender un valor una vez que se ha alcanzado un precio predeterminado (el precio de stop). Una vez que se alcanza el precio de stop, la orden se convierte en una orden de mercado y se ejecuta al mejor precio disponible en ese momento.

Orden Stop-Límite (Stop-Limit Order): Similar a la orden stop, pero en este caso, una vez que se alcanza el precio de stop, la orden se convierte en una orden límite en lugar de una orden de mercado. Esto significa que la orden se ejecutará al precio límite especificado o mejor después de que se alcance el precio de stop.

Orden de Venta a Corto (Short Sale Order): Una orden para vender un valor que el inversor no posee en el momento de la venta. El vendedor espera comprar el valor más tarde a un precio más bajo para obtener una ganancia. Este tipo de orden solo se puede utilizar en ciertos mercados y generalmente requiere una cuenta de margen.

Estos son solo algunos de los tipos de órdenes más comunes en el mercado de valores. Los inversores pueden elegir el tipo de orden que mejor se adapte a sus estrategias de inversión y objetivos financieros. Es importante comprender cómo funciona cada tipo de orden y sus implicaciones antes de utilizarlas en las operaciones.

Participación y roles:

Los mercados son un entorno dinámico donde diferentes participantes interactúan para comprar y vender. Si bien la tipología de los actores es la misma en la mayoría de los mercados que vamos a estudiar en este libro, nos detendremos aquí de una forma más particular, aunque prácticamente todo lo que se desarrolla en este punto es aplicable al resto de los mercados. Así, entre los principales participantes y sus roles se encontraremos:

Inversores Individuales: Son personas físicas que compran y venden acciones con el objetivo de generar rendimientos a largo plazo o de especular a corto plazo. Los inversores individuales pueden incluir desde pequeños inversores hasta grandes patrimonios familiares, desde inversores pasivos a largo plazo hasta pequeños *day traders* particulares.

Instituciones Financieras: Incluyen bancos de inversión, fondos de inversión, fondos de pensiones, compañías de seguros y otras instituciones financieras que gestionan grandes sumas de dinero en nombre de clientes individuales o corporativos. Estas instituciones pueden realizar operaciones de compra y venta de acciones en nombre de sus clientes o para sus propias carteras.

En particular, los Fondos de Inversión son vehículos de inversión colectiva que reúnen fondos de múltiples aportantes para invertir en una cartera diversificada de acciones u otros activos financieros. Los fondos de inversión son gestionados por profesionales financieros y ofrecen a los inversores individuales acceso a una gestión de cartera diversificada y profesional.

Todas estas instituciones son titanes financieros, con vastos recursos y estrategias sofisticadas, y con un impacto formidable en el mercado.

Operadores Profesionales: Son individuos o empresas que se dedican a la compra y venta de acciones de forma profesional. Esto incluye *traders* de día, *traders* de alta frecuencia y otros profesionales del mercado que buscan aprovechar las fluctuaciones de corto plazo en los precios de las acciones para obtener ganancias. Los operadores profesionales suelen contar con acceso a plataformas de negociación avanzadas y herramientas de análisis de datos para facilitar la toma de decisiones y la ejecución de operaciones. Esto les permite operar de manera eficiente y aprovechar oportunidades comerciales en tiempo real.

Analistas Financieros: Son profesionales que realizan análisis y evaluaciones de empresas y sectores específicos, emitiendo recomendaciones de compra, venta o retención de acciones. Sus informes y análisis pueden influir en las decisiones de inversión de otros participantes del mercado.

Reguladores y Autoridades de Supervisión: Incluyen entidades gubernamentales y organismos reguladores encargados de supervisar y regular el funcionamiento del mercado de valores para garantizar su integridad y transparencia. Estos reguladores establecen normativas y reglas que los participantes del mercado deben seguir para proteger a los inversores y mantener la confianza en el mercado. Su misión es mantener el juego limpio, haciendo cumplir las reglas y regulaciones para proteger a los inversores y preservar la confianza en el mercado.

Emisores de Acciones: Son empresas que emiten acciones en el mercado primario para financiar sus operaciones y proyectos de crecimiento. Estas empresas pueden ser de diversos sectores y tamaños, desde pequeñas empresas emergentes hasta grandes corporaciones multinacionales. Son las estrellas del espectáculo, las empresas cuyas acciones son el centro de atención en el escenario del mercado. Emiten acciones para financiar sus operaciones y proyectos, y están constantemente bajo el escrutinio del mercado y de los inversores.

Intermediarios Financieros: Incluyen corredores de bolsa, casas de valores y otros intermediarios que facilitan las transacciones en el mercado de acciones. Actúan como intermediarios entre los compradores y vendedores de acciones, proporcionando servicios de ejecución de órdenes, asesoramiento financiero y acceso a los mercados de valores.

Cada uno de estos participantes desempeña un papel crucial en el vibrante escenario del mercado de acciones, contribuyendo a la narrativa y la dinámica de este mercado.

Principales Bolsas de Valores Mundiales:

En el inmenso teatro del mercado global, las bolsas de valores son el escenario donde se despliega el drama financiero. De una forma sucinta, estas son las principales bolsas de valores a nivel global:

Bolsa de Valores de Nueva York (NYSE): Ubicación: Nueva York, Estados Unidos. Es la bolsa de valores más grande e importante en términos de capitalización de mercado. Aquí se negocian acciones de algunas de las empresas más grandes y reconocidas a nivel mundial.

Nasdaq Stock Market: Ubicación: Nueva York, Estados Unidos. Es conocida por ser la bolsa de valores líder en tecnología y se centra en las acciones de empresas de alta tecnología, inteligencia artificial, biotecnología y otras industrias innovadoras.

Bolsa de Valores de Tokio (TSE): Ubicación: Tokio, Japón. Es una de las bolsas de valores más importantes de Asia y del mundo. Se negocian acciones de empresas japonesas y extranjeras, y es conocida por su liquidez y volumen de operaciones.

Bolsa de Valores de Londres (LSE): Ubicación: Londres, Reino Unido. Es una de las bolsas de valores más antiguas del mundo y una de las principales de Europa. Se negocian acciones de empresas británicas e internacionales, así como un buen número de materias primas y es conocida por su diversidad y sofisticación.

Bolsa de Valores de Hong Kong (HKEX): Ubicación: Hong Kong, China. Es una de las bolsas de valores más importantes de Asia y del mundo. Se negocian acciones de empresas chinas e internacionales, y es un importante centro financiero global.

Bolsa de Valores de Shanghái (SSE): Ubicación: Shanghái, China. Es una de las bolsas de valores más grandes de China y del mundo. Se negocian acciones de empresas chinas, y es un componente clave del mercado financiero chino.

Bolsa de Chicago (CBOE y CME Group): ubicada en Chicago, Illinois, es el hogar de dos importantes instituciones financieras: la Bolsa de Opciones de Chicago (CBOE) y el Grupo CME (CME Group). Es una de las bolsas de futuros y opciones más grandes y diversificadas del mundo. Ofrece una amplia variedad de contratos de futuros y opciones sobre productos financieros, materias primas, tasas de interés y divisas.

Estas son solo algunas de las principales bolsas de valores que conforman el panorama global. Cada una de ellas tiene su propia identidad, influencia y papel en el mundo financiero, contribuyendo a la dinámica y la interconexión del mercado global.

2.2 Mercado de Bonos

El mercado de bonos es un componente fundamental del sistema financiero global. En él se negocian y se emiten bonos, que son instrumentos de deuda utilizados por gobiernos, empresas y otras entidades para obtener financiamiento.

Los bonos, como se ha señalado, son valores de deuda que representan un préstamo que el comprador (inversor) otorga al emisor (gobierno, empresa o entidad) por un período específico. A cambio, el emisor se compromete a pagar intereses periódicos (cupones) y reembolsar el valor nominal del bono al vencimiento.

En el mercado de bonos, los inversores pueden comprar bonos directamente del emisor en el mercado primario o adquirir bonos ya emitidos en el mercado secundario, donde se negocian entre inversores.

El rendimiento de un bono se determina por su tasa de interés y su precio en el mercado secundario. El cupón es el interés que paga el emisor del bono a los tenedores de bonos, expresado como un porcentaje del valor nominal del bono.

Las agencias de calificación crediticia evalúan la solvencia crediticia de los emisores de bonos y asignan calificaciones que reflejan su capacidad para cumplir con sus obligaciones de deuda. Estas calificaciones son importantes para los inversores al evaluar el riesgo de los bonos y por lo tanto influyen fuertemente en el precio de emisión.

El proceso de emisión y negociación de bonos implica la determinación de las condiciones de emisión, como el tipo de bono, la tasa de interés, el plazo y el valor nominal. Una vez emitidos, los bonos se pueden negociar en mercados secundarios como bolsas de valores o mercados extrabursátiles (OTC).

El mercado de bonos desempeña un papel crucial en el sistema financiero al proporcionar una fuente de financiamiento para gobiernos, empresas y otras entidades.

Los bonos son una clase de activo importante para inversores que buscan diversificar sus carteras y obtener ingresos regulares a través de los pagos de intereses.

Existen diversos tipos de instrumentos de deuda, cada uno con características únicas y destinatarios específicos. Veamos algunos de los tipos más comunes de bonos:

Bonos del Gobierno: Emitidos por gobiernos nacionales o locales para financiar gastos públicos. Pueden incluir bonos del tesoro, bonos soberanos y bonos municipales. Considerados generalmente como los bonos más seguros debido a la garantía implícita del gobierno emisor.

Bonos Corporativos: Emitidos por empresas para financiar sus operaciones, proyectos de inversión o adquisiciones. Ofrecen rendimientos más altos que los bonos del gobierno para compensar el mayor riesgo crediticio. Se someten a la evaluación de agencias de calificación crediticia según la solvencia de la empresa emisora, a fin de ofrecer una información independiente a los posibles compradores.

Bonos de Agencias Gubernamentales: Emitidos por agencias gubernamentales respaldadas por el gobierno, como Fannie Mae o Freddie Mac en Estados Unidos. Financian actividades específicas, como préstamos hipotecarios o proyectos de vivienda.

Bonos Hipotecarios: Respaldados por préstamos hipotecarios residenciales o comerciales. Se dividen en bonos respaldados por hipotecas (MBS), bonos respaldados por activos (ABS) y bonos respaldados por valores respaldados por activos (CDO).

Bonos Convertibles: Permiten al tenedor convertir los bonos en acciones ordinarias de la empresa emisora a un precio y plazo predefinidos. Ofrecen un potencial de apreciación del capital junto con pagos de intereses regulares.

Bonos de Renta Fija y Variable: Los bonos de renta fija pagan intereses a tasas fijas preestablecidas durante la vida del bono. Los bonos de renta variable ajustan los pagos de intereses en función de un índice, como la tasa LIBOR.

Los precios de los bonos están influenciados por una variedad de factores económicos, financieros y políticos que afectan la oferta y la demanda en el mercado. Algunos de los factores más significativos incluyen:

Tasas de Interés: Las tasas de interés son uno de los factores más importantes que influyen en los precios de los bonos. Existe una relación inversa entre las tasas de interés y los precios de los bonos: cuando las tasas de interés aumentan, los precios de los bonos tienden a disminuir, y viceversa. Esto se debe a que los bonos existentes con tasas de interés más bajas se vuelven menos atractivos en comparación con los nuevos bonos que ofrecen tasas más altas.

Rendimiento del Mercado: Los inversores comparan el rendimiento de un bono con otras alternativas de inversión disponibles en el mercado. Si el rendimiento de un bono es más alto en relación con otros instrumentos de inversión considerados de similar riesgo, el precio del bono tiende a aumentar para mantener el rendimiento competitivo.

Calidad Crediticia: La calificación crediticia del emisor del bono juega un papel crucial en la determinación de su precio. Los bonos de mayor calidad crediticia, como los emitidos por gobiernos con una calificación AAA o empresas con una sólida situación financiera, tienden a tener precios más altos debido a la menor percepción de riesgo por parte de los inversores.

Expectativas de Inflación: La inflación erosiona el valor real de los pagos de intereses y el valor nominal del bono. Cuando los inversores esperan un aumento de la inflación, demandan tasas de interés más altas para compensar la pérdida de poder adquisitivo futura, lo que puede llevar a una disminución en los precios de los bonos.

Perspectivas Económicas: Las condiciones económicas, como el crecimiento económico, el desempleo, la producción industrial y la estabilidad política, pueden influir en las expectativas de los inversores sobre la futura dirección de las tasas de interés y la solvencia crediticia, lo que a su vez afecta los precios de los bonos.

Política Monetaria: Las decisiones de los bancos centrales son como olas que sacuden el mercado de bonos. Cambios en las tasas de interés de referencia o medidas de política monetaria pueden influir en los precios de los bonos al alterar las expectativas del mercado sobre el futuro de la economía y las tasas de interés. Las decisiones de política monetaria de los bancos centrales pueden tener un impacto significativo en los precios de los bonos al afectar las condiciones de liquidez y las expectativas del mercado.

Eventos Geopolíticos y Globales: Factores como tensiones geopolíticas, crisis económicas o desastres naturales pueden generar incertidumbre en los mercados financieros. En tiempos de incertidumbre, los bonos suelen ser percibidos como activos refugio, lo que puede aumentar su demanda y elevar sus precios.

Como vemos, los precios de los bonos son el resultado de la interacción de una variedad de factores complejos que afectan, de múltiples formas fuertemente interrelacionadas, la oferta y la demanda en el mercado de bonos. Los inversores deben estar atentos a estos factores y comprender su impacto en los precios para tomar decisiones de inversión informadas.

2.3 Mercado de Derivados

El mercado de derivados es un segmento importante del sistema financiero donde se negocian contratos financieros cuyos valores están vinculados al precio subyacente de un activo o a un índice, como acciones, bonos, divisas, materias primas o tasas de interés.

Los tipos comunes de derivados incluyen futuros, opciones, swaps, forwards y contratos por diferencia (CFDs).

Los derivados se utilizan para una variedad de propósitos, incluyendo la cobertura de riesgos, la especulación y la gestión de carteras. Son un instrumento que permite a los inversores obtener exposición a un activo subyacente (que puede ser una materia prima, una acción, una moneda o incluso un índice) sin necesidad de poseerlo físicamente.

En el mercado de derivados, los participantes pueden especular sobre los movimientos futuros de los precios de los activos subyacentes o gestionar y mitigar el riesgo financiero. Los contratos de derivados se negocian en bolsas reguladas o en mercados extrabursátiles entre dos partes.

Como ya se ha señalado, los Derivados pueden ser de distintos tipos:

Futuros: Contratos que obligan a las partes a comprar o vender un activo subyacente en una fecha futura y a un precio acordado.

Opciones: Contratos que otorgan al comprador el derecho, pero no la obligación, de comprar o vender un activo subyacente a un precio determinado en o antes de una fecha de vencimiento específica.

Swaps: Acuerdos en los que dos partes intercambian flujos de efectivo basados en diferentes tipos de interés o divisas durante un período de tiempo determinado.

Forwards: Contratos personalizados entre dos partes para comprar o vender un activo a un precio acordado en una fecha futura.

Contratos por Diferencia (CFDs): Instrumentos financieros que permiten a los inversores especular sobre los movimientos de precios de los activos subyacentes sin poseer el activo en sí.

Los derivados se negocian en bolsas reguladas o en mercados extrabursátiles (OTC). Las bolsas de derivados ofrecen una plataforma estandarizada para la negociación, liquidación y compensación de contratos. En el mercado OTC, los derivados se negocian directamente entre las partes, lo que permite una mayor flexibilidad en términos de diseño de contratos.

Estos productos financieros se utilizan ampliamente en la gestión de riesgos, permitiendo a las empresas y los inversores protegerse contra la volatilidad de los precios, gestionar exposiciones a cambios en los tipos de interés o divisas, y cubrir posiciones en carteras de inversión.

Dado su potencial para amplificar riesgos y volatilidad en los mercados financieros, los derivados están sujetos a una estricta regulación y supervisión por parte de autoridades financieras en todo el mundo, con el objetivo de garantizar la estabilidad y transparencia del mercado.

El mercado de derivados desempeña un papel crucial en la gestión de riesgos financieros y en la facilitación de la formación de precios en una amplia gama de activos. Su complejidad y alcance lo convierten en un componente integral del sistema financiero global.

Mercado de Futuros

Los futuros son contratos financieros que obligan a las partes involucradas a comprar o vender un activo subyacente en una fecha futura predeterminada, a un precio acordado en el momento actual. Compañeros de la volatilidad y la anticipación, los futuros son como las piedras angulares del mercado financiero, ofreciendo una ventana hacia el futuro y un terreno fértil para estrategias innovadoras.

El contrato de futuros se materializa en acuerdos estandarizados que especifican el activo subyacente, la cantidad, la calidad, la fecha de vencimiento y el precio al que se llevará a cabo la transacción en el futuro. Estos contratos son vinculantes y obligatorios para ambas partes, lo que significa que deben cumplirse las condiciones acordadas independientemente de la dirección en la que se mueva el precio del activo subyacente. Esta solidez estructural brinda certeza y claridad, proporcionando un terreno firme para que los inversores construyan estrategias con confianza.

Los futuros se utilizan para una variedad de propósitos, incluida la cobertura (protección contra movimientos adversos en los precios del activo subyacente), la especulación (apuestas sobre movimientos futuros de precios) y el arbitraje (aprovechamiento de diferencias de precios entre mercados).

Los contratos de futuros se negocian en bolsas reguladas, como el Chicago Mercantile Exchange (CME) o el Intercontinental Exchange (ICE), que actúan como intermediarios y proporcionan un entorno transparente y líquido para las transacciones. Estos mercados están sujetos a una estricta regulación por parte de las autoridades financieras para garantizar la integridad y estabilidad del mercado, así como la protección de los inversores.

Los contratos de futuros pueden liquidarse de dos maneras: por entrega física del activo subyacente en la fecha de vencimiento o por liquidación en efectivo, donde se intercambia la diferencia entre el precio acordado y el precio de mercado en la fecha de vencimiento, que suele ser la forma más habitual de actuación.

Los futuros pueden ser instrumentos altamente apalancados, lo que significa que una pequeña fluctuación en el precio del activo subyacente puede tener un impacto significativo en la rentabilidad de la inversión. Además, los inversores están expuestos a riesgos como el riesgo de mercado (relacionado con la volatilidad de los precios), el riesgo de contraparte (riesgo de incumplimiento por parte de una de las partes) y el riesgo de liquidez (dificultad para comprar o vender contratos de futuros al precio deseado).

Los futuros son como un viaje lleno de desafíos y recompensas, donde la volatilidad y el apalancamiento pueden ofrecer oportunidades de ganancias exponenciales, pero también exponer a los inversores a riesgos considerables. Este equilibrio entre riesgo y recompensa requiere una comprensión profunda del mercado y una gestión cuidadosa del riesgo por parte de los participantes.

Mercado de Opciones

Las opciones son instrumentos financieros derivados que otorgan a su titular el derecho, pero no la obligación, de comprar o vender un activo subyacente a un precio específico en o antes de una fecha de vencimiento determinada. Esta flexibilidad permite a los inversores especular sobre movimientos de precios y construir estrategias que se adapten a una variedad de escenarios del mercado.

Existen dos tipos de opciones:

Opciones de Compra (Call): Otorgan al titular el derecho de comprar el activo subyacente al precio de ejercicio en o antes de la fecha de vencimiento.

Opciones de Venta (Put): Otorgan al titular el derecho de vender el activo subyacente al precio de ejercicio en o antes de la fecha de vencimiento.

Los principales componentes a tener en cuenta en las opciones son el precio de ejercicio (Strike Price), que es el precio al que el activo subyacente puede ser comprado o vendido si se ejerce la opción; la fecha de vencimiento, la fecha en la que expira la opción y ya no tiene valor; y la prima, el precio que el comprador de la opción paga al vendedor para adquirir el derecho de la opción.

Por su parte, el Valor Intrínseco de la opción es la diferencia entre el precio actual del activo subyacente y el precio de ejercicio, si la opción se ejerciera inmediatamente.

Las opciones se utilizan con diversos fines, incluyendo la especulación, la cobertura de riesgos y la generación de ingresos. Los inversores pueden comprar opciones como una forma de especular sobre la dirección futura del precio del activo subyacente, sin tener que asumir el riesgo de poseer el activo en sí. Los inversores también pueden vender opciones para generar ingresos a través de la prima y aprovechar la falta de movimiento del precio del activo subyacente.

En el mundo de las opciones, la creatividad es la moneda de cambio, con una amplia gama de estrategias que van desde las simples compras de opciones hasta las combinaciones más complejas, como *spreads* y *straddles*. Esta panoplia de estrategias permite a los inversores construir carteras que se adaptan a sus objetivos financieros y tolerancia al riesgo de manera única y personalizada.

La compra de opciones conlleva el riesgo de pérdida de la prima pagada si la opción no se ejerce antes de la fecha de vencimiento, por otra parte, la venta de opciones conlleva el riesgo de pérdida ilimitada si el precio del activo subyacente se mueve en la dirección opuesta a la posición tomada.

De este modo, el mercado de opciones ofrece a los inversores una forma versátil de gestionar riesgos y especular sobre los movimientos del mercado. Sin embargo, debido a su complejidad y riesgos asociados, es importante entender completamente cómo funcionan las opciones antes de participar en este mercado.

Swaps

Los swaps son contratos financieros en los que dos partes acuerdan intercambiar flujos de efectivo o activos financieros durante un período de tiempo acordado. Estos acuerdos suelen estar diseñados para gestionar riesgos financieros o para obtener ventajas en términos de costos de financiación.

Los swaps más generalizados en los mercados serían los siguientes:

Swaps de Tasas de Interés: En este tipo de swap, las partes intercambian flujos de efectivo basados en tasas de interés fijas y variables. Un participante puede pagar una tasa fija y recibir una tasa variable, o viceversa.

Swaps de Divisas: Implican el intercambio de flujos de efectivo en diferentes monedas durante un período de tiempo acordado. Estos swaps pueden utilizarse para cubrir el riesgo de cambio o para obtener financiamiento en monedas extranjeras.

Swaps de Riesgo de Crédito: Se utilizan para transferir el riesgo de crédito de un activo financiero de una parte a otra. Por ejemplo, un banco puede utilizar un swap de riesgo de crédito para transferir el riesgo de incumplimiento de un préstamo a un tercero.

Swaps de Commodities: Implican el intercambio de flujos de efectivo basados en el precio de materias primas como petróleo, gas natural, metales, etc.

En un swap, las partes acuerdan intercambiar flujos de efectivo según un calendario predefinido. Estos flujos de efectivo pueden basarse en tasas de interés, precios de activos, divisas u otros factores. Los términos del swap, incluyendo el monto de los flujos de efectivo y la duración del contrato, se establecen en un acuerdo de intercambio negociado bilateralmente entre las partes.

Los participantes en el mercado de swaps incluyen bancos comerciales, instituciones financieras, corporaciones, fondos de cobertura y otras entidades financieras.

Los swaps pueden proporcionar a las partes una serie de beneficios, como la reducción de riesgos financieros, la optimización de estructuras de financiación, la mejora de la liquidez y la obtención de exposición a diferentes mercados.

Sin embargo, los swaps también conllevan riesgos, incluyendo el riesgo de contraparte, el riesgo de crédito, el riesgo de mercado y el riesgo operativo.

Los swaps son herramientas financieras flexibles que permiten a las partes adaptar sus perfiles de riesgo y obtener exposición a una variedad de mercados y activos financieros. Su uso generalizado en los mercados financieros refleja su importancia en la gestión de riesgos y la optimización de carteras.

Características y funcionamiento de los derivados

Como hemos podido ver, los derivados, como una llave maestra del universo financiero, se destacan por sus características únicas y su amplia gama de aplicaciones en los mercados globales. De esta forma, cabe destacar:

Flexibilidad y Adaptabilidad: Los derivados son como camaleones financieros, capaces de adaptarse a una variedad de situaciones y necesidades del mercado. Su flexibilidad les permite servir como herramientas para gestionar riesgos, especular sobre movimientos de precios y optimizar la estructura de las carteras de inversión.

Apalancamiento: Una de las características más destacadas de los derivados es su capacidad para ofrecer un apalancamiento significativo. Esto significa que una pequeña inversión inicial puede controlar una gran posición en el mercado, lo que amplifica tanto las ganancias potenciales como las pérdidas.

Diversidad de Activos Subyacentes: Los derivados se pueden vincular a una amplia gama de activos subyacentes, que van desde acciones, bonos, divisas, materias primas, hasta índices bursátiles y tasas de interés. Esta diversidad permite a los inversores gestionar riesgos y aprovechar oportunidades en una variedad de clases de activos.

Estas propiedades les permiten mostrar una enorme versatilidad de funciones. De este modo, una de las principales aplicaciones de los derivados es la gestión de riesgos financieros. Los contratos de derivados, como los futuros y las opciones, permiten a los inversores cubrirse contra la volatilidad de los precios, los cambios en las tasas de interés, la inflación y otros riesgos del mercado.

Del mismo modo, los derivados también se utilizan como herramientas de especulación, permitiendo a los inversores tomar posiciones direccionales en los movimientos futuros de los precios. Los inversores pueden utilizar opciones, futuros y otros derivados para apostar por el alza o la baja de los precios de los activos subyacentes y obtener ganancias en función de sus predicciones.

Además, los derivados también pueden utilizarse para optimizar la estructura de las carteras de inversión, mejorando la eficiencia y diversificación. Estrategias como el arbitraje, los *spreads* y la gestión de la volatilidad pueden ayudar a los inversores a maximizar los rendimientos y minimizar los riesgos en sus carteras.

En resumen, los derivados son herramientas poderosas y versátiles en el arsenal de cualquier inversor o gestor de fondos, ofreciendo flexibilidad, apalancamiento y una amplia gama de aplicaciones en la gestión de riesgos, la especulación y la optimización de carteras. Con su capacidad para adaptarse a las condiciones del mercado y satisfacer las necesidades de los inversores, los derivados desempeñan un papel crucial en el funcionamiento de los mercados financieros globales.

2.4 Mercado de Divisas (Forex)

El mercado de divisas, conocido comúnmente como Forex, es el lugar donde se negocian las monedas de todo el mundo. En este mercado, los participantes compran y venden monedas con el objetivo de obtener ganancias mediante la especulación sobre los movimientos futuros de los tipos de cambio.

El mercado de divisas es el mercado más grande y líquido del mundo, con una facturación diaria que supera los billones de dólares. A diferencia de otros mercados financieros, el Forex opera de forma descentralizada, lo que significa que no tiene una ubicación física específica y funciona las 24 horas del día, cinco días a la semana, debido a la presencia de centros financieros en diferentes zonas horarias.

En el Forex, las monedas se negocian en pares, donde una moneda se cotiza en términos de otra. Por ejemplo, el par EUR/USD representa cuántos dólares estadounidenses se necesitan para comprar un euro. Las cotizaciones en el mercado de divisas se expresan típicamente en términos de *bid* (precio de compra) y *ask* (precio de venta), representando el precio al cual los participantes del mercado están dispuestos a comprar o vender una moneda.

Los actores del mercado de divisas incluyen bancos centrales, instituciones financieras, corporaciones multinacionales, inversores individuales y *traders* especulativos. Cada uno de estos participantes contribuye a la liquidez y al dinamismo del mercado, con diferentes objetivos y horizontes temporales de inversión.

Los participantes del mercado de divisas pueden operar con un alto grado de apalancamiento, lo que significa que pueden controlar una posición mucho mayor en el mercado con una inversión relativamente pequeña. Si bien el apalancamiento puede amplificar las ganancias, también aumenta el riesgo de pérdidas.

El mercado de divisas es conocido por su alta volatilidad, que puede ser causada por una variedad de factores, como noticias económicas, eventos geopolíticos y cambios en las políticas monetarias de los bancos centrales.

El mercado de divisas desempeña un papel fundamental en la economía global, facilitando el comercio internacional, la inversión extranjera, así como también la estabilidad financiera y monetaria. Los movimientos en los precios de las divisas pueden tener un impacto significativo en los mercados financieros, los flujos de capital y la política económica de los países.

Por todo esto, el mercado de divisas es un componente fundamental del sistema financiero global, que ofrece oportunidades de inversión y especulación para una amplia gama de participantes, con su tamaño masivo, su naturaleza descentralizada y su papel vital en el comercio internacional.

Principales pares de divisas

En el amplio espacio del mercado de divisas, los pares de divisas principales actúan como los protagonistas indiscutibles, cada uno con su propio carácter, historia y protagonismo en el escenario financiero mundial. Aquí destacamos algunos de los pares de divisas más influyentes y negociados:

EUR/USD - El Rey de los Pares: El par EUR/USD, conocido como el "Rey del Forex", es el más negociado y ampliamente observado en el mundo. Representa la relación entre el euro, la moneda única de la Eurozona, y el dólar estadounidense, la principal divisa de reserva global. Los movimientos en este par tienen un impacto significativo en los mercados financieros globales y son seguidos de cerca por *traders*, inversores y analistas de todo el mundo.

GBP/USD - La Libra y el Dólar: El par GBP/USD, también conocido como "Cable", es otro de los pares más importantes del Forex. Representa la relación entre la libra esterlina británica y el dólar estadounidense. La libra esterlina es una de las monedas más antiguas y comerciadas del mundo, mientras que el dólar estadounidense es la principal moneda de reserva global. Los movimientos en este par son influenciados por una variedad de factores, incluidos los datos económicos del Reino Unido y Estados Unidos, así como también eventos geopolíticos.

USD/JPY - El Yen Japonés y el Dólar: El par USD/JPY es uno de los pares más líquidos y ampliamente negociados en el mercado de divisas. Representa la relación entre el dólar estadounidense y el yen japonés. Japón es una de las economías más grandes del mundo y el yen japonés es una de las principales monedas de refugio seguro. Los movimientos en este par son influenciados por factores económicos, políticos y financieros en Estados Unidos y Japón, así como también por la aversión al riesgo global y la volatilidad en los mercados financieros.

USD/CHF - El Franco Suizo y el Dólar: El par USD/CHF representa la relación entre el dólar estadounidense y el franco suizo. Suiza es conocida por su estabilidad económica y financiera, y el franco suizo es considerado tradicionalmente como una moneda de refugio seguro. Los movimientos en este par están influenciados por una variedad de factores, incluidos los datos económicos en Estados Unidos y Suiza, así como también la política monetaria de la Reserva Federal y el Banco Nacional Suizo, o el riesgo sistémico mundial.

Estos pares de divisas principales son solo algunos de los actores destacados en el escenario del Forex, cada uno con su propia historia y papel. Los movimientos en estos pares son seguidos de cerca por *traders*, inversores y analistas de todo el mundo, ya que pueden proporcionar *insights* valiosos sobre las tendencias del mercado y las oportunidades de trading.

Participantes del Mercado de Divisas

Como ya se ha señalado, el Forex, no conoce fronteras ni pausas. Opera de forma continua, las 24 horas del día, cinco días a la semana, desde los centros financieros de Asia hasta los de América. Esta naturaleza ininterrumpida brinda a los participantes la libertad de comerciar en cualquier momento, adaptándose a los diferentes husos horarios y aprovechando las oportunidades que ofrece el mercado global. En este tablero, una ecléctica mezcla de jugadores desempeña su papel:

Bancos Centrales: Los bancos centrales desempeñan un papel importante en el mercado de divisas al establecer políticas monetarias y participar en la compra y venta de moneda extranjera para influir en los tipos de cambio y mantener la estabilidad de su moneda.

Bancos Comerciales: Los bancos comerciales actúan como intermediarios en el mercado de divisas, facilitando transacciones para sus clientes y realizando operaciones propias para obtener ganancias.

Instituciones Financieras: Incluyen fondos de cobertura, fondos de inversión, compañías de seguros y otros actores institucionales que participan en el mercado de divisas para especular, cubrir riesgos o gestionar carteras.

Empresas Multinacionales: Las empresas multinacionales participan en el mercado de divisas para gestionar el riesgo cambiario asociado con sus operaciones internacionales, como la compra y venta de bienes y servicios en diferentes monedas.

Operadores Individuales: Los operadores individuales, también conocidos como *traders* minoristas, participan en el mercado de divisas a través de plataformas en línea para especular sobre los movimientos de los tipos de cambio y obtener ganancias.

La tecnología juega un papel esencial en el mercado de divisas, facilitando el acceso y la ejecución de operaciones de manera eficiente y oportuna. Las plataformas de trading en línea, los algoritmos automatizados y la conectividad global garantizan que el mercado de divisas esté siempre activo y disponible, permitiendo a los participantes de todo el mundo operar en igualdad de condiciones.

Factores que Influyen en los Tipos de Cambio

El mercado de divisas es un escenario donde convergen una multitud de fuerzas económicas, políticas y financieras que influyen en los tipos de cambio entre las distintas monedas del mundo. A continuación, exploraremos los principales factores que moldean los movimientos de los tipos de cambio en el mercado de divisas:

Política Monetaria: Las decisiones de los bancos centrales sobre las tasas de interés y las políticas monetarias tienen un impacto directo en los tipos de cambio. Un aumento en las tasas de interés tiende a fortalecer la moneda nacional, mientras que una disminución las debilita. Los cambios en la oferta monetaria y las medidas de estímulo también pueden afectar los tipos de cambio. La política monetaria es un elemento clave que los *traders* y analistas siguen de cerca para anticipar movimientos en los tipos de cambio.

Indicadores Económicos: Los datos económicos, como el crecimiento del PIB, la inflación, el desempleo, las ventas minoristas y el balance comercial, proporcionan señales importantes sobre la salud económica de un país. Sorpresas en estos indicadores pueden desencadenar movimientos bruscos en los tipos de cambio, ya que los inversores reevalúan las perspectivas económicas de un país y ajustan sus posiciones en consecuencia.

Factores Políticos y Geopolíticos: Los eventos políticos, como elecciones, cambios de gobierno, conflictos internacionales y tensiones comerciales, pueden influir en los tipos de cambio al afectar la percepción del riesgo y la estabilidad política de un país. Las tensiones geopolíticas pueden generar volatilidad en el mercado de divisas y afectar los flujos de capital hacia y desde ciertas monedas.

Flujos de Capital: Los flujos de capital, tanto de inversión como especulativos, juegan un papel crucial en la determinación de los tipos de cambio. Los inversores buscan rendimientos atractivos y seguridad, por lo que pueden mover su capital entre diferentes países y monedas en busca de oportunidades. Los cambios en los flujos de capital pueden causar movimientos significativos en los tipos de cambio.

Sentimiento del Mercado: El sentimiento del mercado, basado en las percepciones y expectativas de los participantes del mercado, puede influir en los tipos de cambio. El optimismo o pesimismo sobre la economía de un país, así como las preocupaciones sobre eventos futuros, pueden afectar la demanda de su moneda y, por lo tanto, su valor en relación con otras monedas.

Intervención Gubernamental: Los gobiernos y los bancos centrales pueden intervenir directamente en el mercado de divisas para influir en los tipos de cambio. Esto puede incluir la compra o venta de su propia moneda en el mercado abierto, en un esfuerzo por estabilizar o manipular los tipos de cambio para alcanzar objetivos económicos o políticos.

En definitiva, son muchos y muy variados los factores que afectan a los tipos de cambio en el mercado de divisas, desde decisiones de política monetaria y eventos económicos hasta factores geopolíticos y flujos de capital. Los *traders* y analistas deben estar atentos a estos factores y comprender cómo interactúan para anticipar y navegar los movimientos del mercado con destreza y habilidad.

III. Mercados de Materias Primas.

Los mercados de materias primas son plataformas donde se negocian contratos de futuros y opciones sobre una amplia gama de productos físicos, desde productos agrícolas como trigo y maíz, pasando por metales preciosos como oro y plata, hasta insumos energéticos como petróleo y gas natural. Estos mercados desempeñan un papel crucial en la economía global al proporcionar mecanismos para la fijación de precios, la gestión de riesgos y la facilitación del comercio internacional.

Estos mercados, por su propia naturaleza, se encuentran sujetos a ciclos y algunos de ellos a una fuerte estacionalidad que puede influir drásticamente en los precios. Por ejemplo, los precios de los productos agrícolas o energéticos pueden verse afectados por factores climáticos y estacionales, mientras que los precios de los metales pueden estar influidos por la demanda de la industria y las condiciones económicas globales.

Los precios de las materias primas se encuentran así afectados por una variedad de factores, incluidos los cambios en la oferta y la demanda orgánicos, los desarrollos tecnológicos, los eventos geopolíticos, las políticas gubernamentales, los movimientos del mercado de divisas y las condiciones climáticas.

Los mercados de materias primas ofrecen una gran variedad de instrumentos de negociación, incluidos contratos de futuros, opciones, ETFs (fondos cotizados en bolsa) y productos estructurados. Estos instrumentos permiten a los participantes del mercado gestionar el riesgo, especular sobre los movimientos de precios y obtener exposición a una amplia gama de productos básicos.

Estos mercados desempeñan, en definitiva, un papel crucial en la economía global al facilitar la fijación de precios, la gestión de riesgos y el comercio internacional de productos físicos. Permiten a los productores asegurar precios y obtener financiación, a los consumidores garantizar sus suministros y estabilizar costos, y a los inversores obtener exposición a activos tangibles y diversificar carteras.

A continuación, analizaremos los diferentes mercados que las materias primas nos ofrecen:

3.1 Mercado de la Energía

El mercado de energía es un motor vital que impulsa la economía global, abasteciendo las necesidades energéticas de industrias, hogares y transporte. El mercado de energía engloba una amplia gama de productos, incluidos el petróleo crudo, el gas natural, el carbón y la energía eléctrica. Estos productos primarios son la columna vertebral de la infraestructura energética global y son fundamentales para el funcionamiento de las economías modernas.

> **Petróleo Crudo**, motor de la Economía Global: El petróleo crudo es el combustible más comercializado y vital para la economía global. Los precios del petróleo se encuentran influidos por una gran variedad de factores, incluyendo la oferta y demanda mundial, los eventos geopolíticos, las decisiones de la OPEP y la geopolítica de Oriente Medio.
>
> **Gas Natural**, combustible versátil: El gas natural es un combustible versátil utilizado en la generación de energía, la calefacción y la producción industrial. Los precios del gas natural están influenciados por la producción, la demanda estacional, la climatología, los inventarios y los desarrollos tecnológicos en la exploración y producción de gas de esquisto.
>
> **Carbón**, fuente de energía tradicional: A pesar de los esfuerzos por reducir su uso debido a preocupaciones ambientales, el carbón sigue siendo una fuente importante de energía en muchas partes del mundo. Los precios del carbón son influenciados por factores

como la demanda de China, la regulación ambiental y la competencia con otras fuentes de energía.

Energía Eléctrica, impulsor de la industrialización: La energía eléctrica es crucial para la industria, el comercio y la vida cotidiana. Los mercados de energía eléctrica pueden ser regionales o nacionales y están influenciados por factores como la oferta y demanda local, la capacidad de generación, las políticas gubernamentales y la integración de energías renovables, y, en consecuencia, cada vez más, de las condiciones climáticas.

La innovación tecnológica, incluyendo avances en energías renovables, almacenamiento de energía y eficiencia energética, está transformando el mercado de energía. Estos avances están impulsando la transición hacia fuentes de energía más limpias y sostenibles, mientras que también están creando nuevas oportunidades de inversión y negociación en el mercado.

A continuación, echemos un vistazo pormenorizado a los principales activos que se negocian en este mercado.

Petróleo

El petróleo, el "oro negro", es el alma del mercado de energía y un componente esencial de la economía mundial. El petróleo es el combustible más comercializado y consumido en el mundo, fundamental para la industria, el transporte, la generación de energía y la fabricación de una amplia gama de productos. Su importancia estratégica lo convierte en un punto focal para los mercados financieros y geopolíticos.

El petróleo se forma a partir de la descomposición de materia orgánica a lo largo de millones de años. Se encuentra en yacimientos subterráneos en todo el mundo, desde depósitos terrestres hasta reservas submarinas en aguas profundas. Los principales países productores incluyen a Arabia Saudita, Estados Unidos, Rusia, Canadá y otros.

Los precios del petróleo están influidos por una serie de factores, incluyendo la oferta y demanda globales, los inventarios, la producción de la **OPEP** y otros países productores, los eventos geopolíticos (como conflictos en Medio Oriente), la política energética de grandes consumidores y la percepción del mercado sobre el futuro de la demanda.

El mercado del petróleo se negocia en bolsas de futuros como el **NYMEX** (New York Mercantile Exchange) y el **ICE** (Intercontinental Exchange). Los contratos de futuros de petróleo son instrumentos populares para especuladores y operadores que desean beneficiarse de los movimientos de precios.

Los cambios en los precios del petróleo tienen un impacto directo en la economía mundial. Un aumento en los precios del petróleo puede aumentar los costos de producción y transporte, lo que puede generar inflación y afectar el crecimiento económico. Además, los altos precios del petróleo pueden afectar el poder adquisitivo de los consumidores y, por tanto, tener impacto en los estándares de vida en todo el mundo.

El mercado del petróleo enfrenta una serie de desafíos, incluyendo la volatilidad de los precios, la competencia de energías renovables y la preocupación por el cambio climático. Sin embargo, también presenta oportunidades para la innovación tecnológica en exploración y producción, así como en la transición hacia fuentes de energía más limpias y sostenibles.

En conclusión, el petróleo es un recurso vital que impulsa la economía global y ejerce una influencia indeleble en los mercados financieros y geopolíticos. Su papel como fuente de energía principal plantea desafíos, pero también presenta oportunidades para la innovación y el desarrollo de una economía más sostenible.

Gas Natural

El gas natural, conocido como el combustible del siglo XXI, es una fuente de energía versátil y limpia utilizada en una gran variedad de aplicaciones, desde la generación eléctrica hasta la calefacción y la industria manufacturera. Su abundancia y bajo contenido de carbono lo convierten en una opción atractiva en la transición hacia una economía más limpia y sostenible.

El gas natural se encuentra en yacimientos subterráneos en todo el mundo, tanto en tierra firme como en aguas profundas. Los principales países productores incluyen a Rusia, Estados Unidos, Qatar, Irán y China. Los avances tecnológicos en la exploración y producción, como la fractura hidráulica, han aumentado la disponibilidad de gas natural en los últimos años.

Por su parte, los precios del gas natural están influidos por una amplia variedad de factores, incluyendo la oferta y demanda, los inventarios, las condiciones climáticas, la producción de gas de esquisto, las políticas gubernamentales y la competencia con otras fuentes de energía. La estacionalidad también juega un papel importante, con aumentos en la demanda durante los meses de invierno para calefacción.

El gas natural se negocia en mercados de futuros, como el **NYMEX** en Nueva York y el **ICE** en Londres, donde los inversores pueden especular sobre los precios futuros y gestionar el riesgo. Los contratos de futuros de gas natural son instrumentos populares para empresas de energía, comerciantes y fondos de cobertura.

El gas natural juega un papel importante en la economía global, proporcionando energía a industrias, hogares y transporte. Su bajo contenido de carbono lo hace una opción más limpia que el carbón y el petróleo, lo que contribuye a la reducción de emisiones de gases de efecto invernadero y a la mitigación del cambio climático. También tiene un papel nada secundario como activo estratégico, ya que es un combustible muy ligado a la producción industrial y al bienestar de la población.

A pesar de sus beneficios, el gas natural enfrenta desafíos, como la volatilidad de precios, la competencia de fuentes de energía renovable y las preocupaciones ambientales relacionadas con la fracturación hidráulica. Sin embargo, su papel en la transición hacia una economía más sostenible presenta oportunidades para la innovación y el crecimiento económico.

3.2 Mercado de Metales:

El mercado de metales es un componente crucial en la economía global. Este mercado abarca una amplia gama de productos, desde los metales preciosos como el oro y la plata, hasta los metales industriales como el cobre, el aluminio y el zinc. Cada metal tiene sus propias características únicas y aplicaciones en diversas industrias, desde la joyería hasta la construcción y la electrónica.

La oferta y la demanda global juegan un papel crucial en la determinación de los precios de los metales. Factores como la producción minera, la demanda industrial, la estabilidad geopolítica y las condiciones económicas globales influyen en el equilibrio entre oferta y demanda de cada metal.

Los metales se negocian en mercados de futuros y spot, donde los participantes pueden comprar y vender contratos para entrega futura o productos físicos para entrega inmediata. Los mercados de futuros proporcionan liquidez y transparencia, mientras que los mercados spot permiten la adquisición directa de metales físicos.

El mercado de metales es conocido por su volatilidad y sus ciclos de mercado pronunciados. Los precios pueden verse afectados por eventos geopolíticos, fluctuaciones en la demanda industrial, cambios en las políticas gubernamentales y expectativas sobre el crecimiento económico global.

Los metales preciosos como el oro y la plata son considerados tradicionalmente como refugios seguros durante tiempos de incertidumbre económica y volatilidad en los mercados financieros. Son apreciados tanto por inversores como por joyeros y fabricantes de productos electrónicos por su durabilidad y belleza.

La extracción y el procesamiento de metales pueden tener impactos significativos en el medio ambiente y las comunidades locales. La minería responsable y sostenible es cada vez más importante para mitigar estos impactos y garantizar un suministro de metales ético y sostenible a largo plazo.

Oro

El oro, ese metal precioso que ha fascinado a la humanidad durante milenios, desempeña un papel destacado en el mercado de metales y en la economía mundial. El oro ha sido valorado desde la antigüedad por su belleza, rareza y durabilidad. Ha sido utilizado como moneda, símbolo de estatus y adorno durante siglos en diversas culturas alrededor del mundo. Su valor intrínseco y su capacidad para resistir la corrosión lo convierten en un activo único y atemporal.

Por ello, el oro es considerado un refugio seguro en tiempos de incertidumbre económica y volatilidad en los mercados financieros. Los inversores lo buscan como una reserva de valor que puede preservar el poder adquisitivo y proteger contra la inflación y la devaluación de la moneda.

Además de como refugio de valor, el oro tiene una fuerte demanda por parte de la joyería. Por otra parte, el oro tiene aplicaciones industriales en la electrónica, la odontología y la medicina, debido a su conductividad eléctrica y resistencia a la corrosión.

Los precios del oro están influidos por varios factores, incluyendo la oferta y demanda mundial, las tasas de interés, la política monetaria, la inflación, la volatilidad del mercado y la demanda de inversión. Los eventos geopolíticos y las crisis económicas también pueden impulsar la demanda de oro como refugio seguro.

El oro se negocia en mercados financieros como el London Bullion Market (LBMA), el Chicago Mercantile Exchange (CME) y el Shanghai Gold Exchange (SGE). Los inversores pueden acceder al oro a través de contratos de futuros, opciones, ETFs respaldados por oro y lingotes físicos.

A medida que la economía global evoluciona y cambian las condiciones del mercado, el oro seguirá siendo un activo de importancia fundamental. Su capacidad para preservar el valor a lo largo del tiempo y actuar como un refugio seguro frente a la incertidumbre económica garantiza que siga siendo un activo valioso y buscado en el futuro previsible.

Plata

La plata, otro metal noble que merece nuestro análisis y comprensión desde una perspectiva de inversión. La plata ha sido un elemento esencial en la vida de la humanidad desde tiempos antiguos. Ha sido utilizada como moneda, ornamento y en una amplia gama de aplicaciones industriales. Su versatilidad y brillo la han convertido en un recurso invaluable.

La plata, a menudo denominada el "oro de los pobres", ofrece a los inversores una opción más accesible para diversificar sus carteras y protegerse contra la inflación y la volatilidad del mercado. Su valor intrínseco y su demanda industrial proporcionan una base sólida para su potencial de inversión.

Así, la plata desempeña un papel vital en una variedad de industrias, incluyendo la electrónica, la fotografía, la medicina y la fabricación de paneles solares. Su alta conductividad eléctrica y térmica, así como su resistencia a la corrosión, la convierten en un metal indispensable en la era moderna.

La demanda de plata se encuentra influida por una serie de factores, como la actividad económica global, la demanda industrial y la inversión especulativa. Los movimientos en los precios de los metales preciosos, como el oro, también pueden impactar en el precio de la plata debido a su relación histórica como activo de refugio seguro.

Los inversores pueden acceder a la plata a través de una variedad de instrumentos financieros, incluyendo lingotes físicos, ETFs respaldados por plata, contratos de futuros y opciones. Estas opciones ofrecen flexibilidad y diversificación para aquellos que buscan incluir la plata en sus carteras de inversión.

A medida que la demanda industrial y la conciencia sobre la sostenibilidad continúan aumentando, la plata sigue manteniendo su relevancia en el mercado mundial. Su valor intrínseco y su potencial de inversión ofrecen oportunidades para aquellos que buscan proteger y hacer crecer su riqueza en un mundo cambiante.

Cobre

El cobre, a menudo llamado el "metal de los dioses" debido a su importancia histórica y su amplia gama de aplicaciones industriales, es un elemento crucial en el mercado de metales. El cobre ha sido utilizado por la humanidad desde la antigüedad, siendo uno de los primeros metales que se utilizó en la fabricación de herramientas y utensilios. Su conductividad eléctrica y térmica excepcional lo han convertido en un componente esencial en la construcción de civilizaciones y en el progreso tecnológico.

El cobre es un material fundamental en una amplia gama de industrias, incluyendo la construcción, la electrónica, la automoción y la energía. Se utiliza en la fabricación de cables eléctricos, tuberías, equipos de refrigeración, motores eléctricos y componentes electrónicos, entre otros productos.

La demanda de cobre está estrechamente vinculada a la actividad económica global, siendo un indicador clave del crecimiento industrial y la construcción. Los aumentos en la producción de vehículos, aparatos electrónicos y proyectos de infraestructura suelen impulsar la demanda de cobre, mientras que las desaceleraciones económicas pueden provocar una disminución de la demanda.

En este sentido, los precios del cobre se ven influidos por factores como los desarrollos tecnológicos, el desarrollo de la economía mundial y los eventos geopolíticos. Los déficits de oferta y la escasez de nuevos proyectos mineros o los ciclos de expansión económica e industrial pueden llevar a aumentos significativos en los precios, mientras que los excedentes de oferta pueden provocar una presión a la baja en los precios.

Los inversores pueden acceder al cobre a través de una variedad de instrumentos financieros, incluyendo contratos de futuros, ETFs respaldados por cobre y acciones de empresas mineras. Estos instrumentos permiten a los inversores beneficiarse de los movimientos en los precios del cobre sin necesidad de poseer el metal físico.

Con el impulso hacia la energía limpia y renovable, se espera que la demanda de cobre aumente aún más en el futuro. El cobre es esencial en la fabricación de paneles solares, turbinas eólicas, baterías de vehículos eléctricos y redes inteligentes, lo que lo convierte en un componente vital en la transición hacia una economía más sostenible.

3.3 Mercado Agrícola:

El mercado de agricultura es un segmento importante dentro de los mercados de materias primas, donde se negocian una variedad de productos agrícolas básicos. Estos mercados desempeñan un papel crucial en la economía global al proporcionar mecanismos para la fijación de precios, la gestión de riesgos y la facilitación del comercio internacional de productos agrícolas.

La agricultura es la piedra angular de la seguridad alimentaria global, suministrando alimento a miles de millones de personas en todo el mundo. Los cultivos básicos como el maíz, el trigo y el arroz, junto con una amplia gama de productos agrícolas, son fundamentales para satisfacer las necesidades nutricionales de la población mundial.

El mercado agrícola está intrínsecamente vinculado al ciclo de producción estacional y a la volatilidad de los precios. Las condiciones climáticas, los cambios en la demanda y la oferta, así como los avances tecnológicos, afectan directamente a los precios de los productos agrícolas y generan oportunidades de inversión en los mercados financieros.

La volatilidad es una característica distintiva del mercado agrícola, con precios que pueden fluctuar significativamente debido a factores impredecibles como las condiciones meteorológicas extremas, las enfermedades de los cultivos y los cambios en las políticas comerciales. Esta volatilidad presenta tanto riesgos como oportunidades para los inversores.

Los inversores pueden acceder al mercado agrícola a través de una variedad de instrumentos financieros, como contratos de futuros, opciones, ETFs agrícolas y fondos de inversión especializados. Estos instrumentos ofrecen exposición a una amplia gama de productos agrícolas y permiten a los inversores diversificar sus carteras.

El mercado agrícola está sujeto a una serie de tendencias y desafíos, incluyendo el cambio climático, la escasez de recursos, la urbanización y la creciente demanda de alimentos. Los avances en tecnología agrícola, la sostenibilidad y la innovación científica son fundamentales para abordar estos desafíos y garantizar la seguridad alimentaria global.

El mercado agrícola tiene un impacto significativo en la economía mundial, no solo en términos de suministro de alimentos, sino también en la generación de empleo, el desarrollo rural y la estabilidad socioeconómica. Los cambios en los precios de los productos agrícolas pueden tener efectos en cascada en toda la cadena de valor y en los mercados financieros, así como en la sociedad y en la política, pudiendo ser desencadenante de conflictos y olas migratorias.

Trigo

El trigo, uno de los granos más importantes y ampliamente cultivados en el mundo, componente básico en la dieta de muchas personas en todo el mundo y fundamental para la seguridad alimentaria. Se utiliza en la producción de una amplia gama de alimentos, desde pan y pasta hasta cereales y productos horneados, lo que lo convierte en un cultivo de gran importancia económica y social.

El trigo se cultiva en una amplia variedad de regiones climáticas en todo el mundo, desde las llanuras de América del Norte hasta las estepas de Asia Central. Los principales productores incluyen a países como Estados Unidos, Rusia, China, India, Ucrania y la Unión Europea. El comercio internacional de trigo es activo y diversificado, con una gran cantidad de países importando y exportando este cultivo.

El precio del trigo varía en función de una serie de factores, incluyendo las condiciones climáticas, los inventarios mundiales, los cambios en la demanda y la oferta, así como los desarrollos económicos y políticos. Las sequías, las heladas, las enfermedades de los cultivos y las políticas comerciales pueden tener un impacto significativo en la producción y los precios del trigo.

Los inversores pueden acceder al mercado del trigo a través de una variedad de instrumentos financieros, como contratos de futuros, opciones, ETFs agrícolas y fondos de inversión especializados.

A medida que la población mundial continúa creciendo y la demanda de alimentos aumenta, se espera que la demanda de trigo siga siendo sólida en el futuro. Sin embargo, el cambio climático, la urbanización y la competencia por los recursos naturales plantean desafíos significativos para la producción y los precios del trigo en las próximas décadas.

Maíz

El maíz, un cultivo versátil y ampliamente sembrado en todo el mundo, desempeña un papel fundamental en la seguridad alimentaria y en los mercados financieros.

El maíz es uno de los cultivos más importantes y versátiles del mundo. Además de ser una fuente de alimento para humanos y animales, se utiliza en una amplia gama de aplicaciones industriales, como la producción de biocombustibles, plásticos biodegradables y aditivos alimentarios.

El maíz se cultiva en una amplia variedad de climas y suelos en todo el mundo. Los principales productores incluyen a países como Estados Unidos, China, Brasil, Argentina y la Unión Europea. El maíz es un cultivo de alto volumen y su comercio internacional es activo.

Al igual que en el trigo, el precio del maíz se ve afectado por factores como las condiciones climáticas, los inventarios mundiales, los cambios en la demanda y la oferta, así como los desarrollos económicos y políticos.

Se espera que la demanda de maíz siga siendo sólida en el futuro, impulsada por el crecimiento de la población mundial, el aumento del consumo de carne y la demanda de biocombustibles. Sin embargo, al igual que el trigo, el precio del maíz puede verse fuertemente influido por el cambio climático.

Café

El café, más que una simple bebida, es un elemento cultural arraigado en la sociedad y un motor económico en muchas regiones del mundo. Desde el primer sorbo de la mañana hasta las reuniones sociales y los momentos de reflexión, el café ha tejido su presencia en la vida cotidiana de millones de personas en todo el mundo.

El café es un cultivo que se cultiva en una variedad de regiones climáticas, desde las montañas de América Latina hasta las tierras altas de África. Cada región productora produce granos con perfiles de sabor únicos, que van desde los aromas afrutados de los cafés africanos hasta los sabores terrosos de los cafés sudamericanos.

Los precios del café están sujetos a una serie de factores fundamentalmente derivados de las condiciones climáticas, así como la evolución geopolítica de las principales regiones productoras.

La producción de café enfrenta desafíos significativos en términos de sostenibilidad, incluyendo la deforestación, el cambio climático y la presión sobre los recursos naturales. Los consumidores y las empresas están cada vez más preocupados por la producción ética y sostenible de café, lo que está impulsando cambios en toda la cadena de suministro.

El café es más que una simple *commodity*; es un símbolo de conexión humana. Su influencia se extiende mucho más allá de los mercados financieros, tocando aspectos culturales, sociales y económicos en todo el mundo.

IV. Mercado de Criptoactivos

Los criptoactivos, también conocidos como criptomonedas o activos digitales, son activos virtuales diseñados para funcionar como medio de intercambio y almacenamiento de valor. El mercado de criptoactivos es un segmento emergente dentro del sector financiero que ha experimentado un rápido crecimiento y una mayor atención en los últimos años.

El mercado de criptoactivos, liderado por el icónico Bitcoin, ha emergido como una revolución financiera en sí mismo. Desde su misteriosa creación en 2009, estas monedas digitales han desafiado las normas financieras tradicionales y han inspirado una nueva ola de innovación en tecnología financiera. Más allá del Bitcoin, el mercado de criptoactivos está lleno de una amplia gama de monedas digitales, cada una con sus propias características y casos de uso. Ethereum, Ripple, Litecoin y otras criptomonedas compiten en un paisaje altamente competitivo, donde la tecnología y la adopción juegan roles clave.

Los criptoactivos son activos digitales que utilizan tecnología de cifrado para garantizar la seguridad de las transacciones y controlar la creación de nuevas unidades. Funcionan de forma descentralizada, lo que significa que no están controlados por ninguna autoridad central como un gobierno o un banco central.

La tecnología subyacente detrás de los criptoactivos es la cadena de bloques (*blockchain*), que es un registro público y distribuido de todas las transacciones realizadas con una criptomoneda en particular. La *blockchain* proporciona transparencia, seguridad y resistencia a la manipulación.

Los criptoactivos son altamente volátiles y están sujetos a riesgos únicos, incluyendo riesgos regulatorios, de seguridad cibernética y de mercado. Sin embargo, también ofrecen oportunidades de inversión y especulación significativas.

Para los inversores, los criptoactivos representan tanto desafíos como oportunidades. La falta de regulación, la seguridad cibernética y la incertidumbre en torno al futuro de este mercado son solo algunos de los aspectos que deben considerarse al invertir en criptomonedas.

4.1 Tipos de Criptoactivos: Explorando el Universo Digital

El universo de los criptoactivos es vasto y diverso, repleto de una amplia gama de monedas digitales con características y funcionalidades únicas. Al igual que los metales preciosos o los productos básicos, estos criptoactivos ofrecen diferentes oportunidades de inversión y aplicaciones. Veamos algunos de los tipos más destacados:

Bitcoin (BTC): La Moneda Pionera: Bitcoin, la primera criptomoneda creada por Satoshi Nakamoto en 2009, sigue siendo la referencia del mercado de criptoactivos. Conocida por su escasez programada y su descentralización, Bitcoin se considera un activo digital de reserva de valor y un medio de intercambio *peer-to-peer*.

Ethereum (ETH): La Plataforma Inteligente: Ethereum es más que una simple criptomoneda, es una plataforma *blockchain* que permite la creación de contratos inteligentes y aplicaciones descentralizadas (DApps). La capacidad de ejecutar contratos inteligentes ha convertido a Ethereum en un pilar central del ecosistema DeFi (Finanzas Descentralizadas).

Altcoins: La Diversidad del Universo Cripto: El término "altcoin" se refiere a cualquier criptomoneda que no sea Bitcoin. Este grupo incluye una amplia variedad de proyectos, desde monedas alternativas con casos de uso específicos hasta tokens diseñados para alimentar aplicaciones y protocolos descentralizados.

Tokens de Utilidad y de Seguridad: Los tokens de utilidad se utilizan para acceder a productos o servicios dentro de una plataforma *blockchain* específica, mientras que los tokens de seguridad representan la propiedad de un activo o empresa y están sujetos a regulaciones financieras.

Stablecoins: Estabilidad en un mar de volatilidad, las stablecoins están diseñadas para mantener un valor estable, generalmente vinculado a una moneda fiduciaria como el dólar estadounidense. Estas criptomonedas ofrecen una forma de mitigar la volatilidad inherente del mercado de criptoactivos.

NFTs (Tokens No Fungibles): La revolución del Arte Digital, los NFTs son tokens únicos e indivisibles que representan activos digitales, como obras de arte, música, videos o bienes virtuales. La tecnología *blockchain* garantiza la autenticidad y propiedad de estos activos digitales, lo que ha desatado una revolución en el mundo del arte y la cultura digital.

4.2 Funcionamiento de los mercados de criptoactivos

Los mercados de criptoactivos operan las 24 horas del día, los 7 días de la semana, en plataformas de intercambio digital descentralizadas o centralizadas. Estas plataformas permiten a los usuarios comprar, vender y comerciar una amplia variedad de criptomonedas utilizando diferentes pares de divisas digitales o fiat.

Una de las características más destacadas de los mercados de criptoactivos es la capacidad de realizar transacciones *peer-to-peer* (P2P) sin la necesidad de intermediarios. Esto significa que los usuarios pueden transferir fondos directamente entre sí de forma rápida y eficiente, sin la intervención de bancos u otras instituciones financieras.

Los mercados de criptoactivos operan en plataformas digitales que permiten la compra, venta y negociación de criptomonedas. Estas plataformas pueden ser centralizadas, donde una entidad controla las operaciones, o descentralizadas, donde las transacciones se realizan directamente entre los usuarios.

En estas plataformas, las criptomonedas se negocian entre sí o con monedas fiduciarias como el dólar estadounidense o el euro. Estos pares de negociación determinan el valor relativo de una criptomoneda con respecto a otra o a una moneda fiduciaria.

Los usuarios pueden colocar órdenes de compra o venta en estas plataformas, especificando el precio al que desean comprar o vender una criptomoneda y la cantidad deseada. Estas órdenes se ejecutan automáticamente cuando se encuentra una contraparte que coincida con los términos de la orden.

Los mercados de criptoactivos son conocidos por su alta volatilidad, lo que puede resultar en movimientos de precios significativos en un corto período de tiempo. Esta volatilidad puede ofrecer oportunidades de negociación lucrativas, pero también conlleva riesgos significativos para los inversores. Debe tenerse en cuenta que la liquidez del mercado, es decir, la facilidad con la que se pueden comprar o vender activos sin afectar significativamente su precio, puede variar según la criptomoneda y la plataforma de intercambio.

Por otra parte, la seguridad es una preocupación importante en los mercados de criptoactivos, dada la naturaleza digital y descentralizada de las transacciones. Los usuarios deben tomar medidas para proteger sus criptoactivos, como el uso de billeteras digitales seguras y la implementación de medidas de seguridad adicionales, como la autenticación de dos factores.

Dada su naturaleza descentralizada, la regulación de los mercados de criptoactivos varía según el país y puede afectar significativamente la forma en que operan las plataformas de intercambio y los inversores pueden participar en estos mercados. Los cambios regulatorios y las políticas gubernamentales pueden tener un impacto en la liquidez y la confianza de los inversores en los criptoactivos.

Los mercados de criptoactivos están en constante evolución, con nuevas criptomonedas, tecnologías y proyectos emergiendo regularmente. La innovación y el desarrollo en este espacio son impulsados por una comunidad global de desarrolladores, emprendedores e inversores que buscan aprovechar el potencial de esta tecnología disruptiva.

4.3 Factores que Influyen en los Precios de los Criptoactivos

Los precios de los criptoactivos están intrínsecamente ligados a la interacción entre la oferta y la demanda en los mercados. Cuando la demanda supera la oferta disponible, los precios tienden a subir, y viceversa. Este dinamismo es fundamental para entender la volatilidad característica de estos mercados.

La aceptación y adopción de una criptomoneda por parte de usuarios, empresas y la comunidad en general puede ser un factor crucial que influye en su precio. A medida que más personas y empresas confían en una criptomoneda y la utilizan en sus transacciones diarias, su valor puede aumentar.

El avance tecnológico y el desarrollo continuo de la infraestructura de una criptomoneda pueden impulsar su precio. Mejoras en la seguridad, escalabilidad y funcionalidades innovadoras pueden generar confianza en los inversores y aumentar la demanda de la criptomoneda.

Las noticias y los eventos relacionados con una criptomoneda específica pueden tener un impacto significativo en su precio e incluso en el precio de otras criptomonedas. Anuncios de asociaciones estratégicas, actualizaciones de software, regulaciones gubernamentales o incluso rumores pueden desencadenar movimientos de precios abruptos en el mercado.

El sentimiento del mercado, influenciado por la psicología colectiva de los inversores, puede afectar la dirección de los precios de los criptoactivos. Los períodos de euforia pueden impulsar los precios a niveles irracionales, mientras que el miedo y la incertidumbre pueden provocar correcciones bruscas.

La competencia de otras criptomonedas y activos financieros alternativos puede impactar en el precio de una criptomoneda en particular. La aparición de nuevas criptomonedas con características mejoradas o ventajas competitivas puede desafiar la posición de una criptomoneda existente y afectar su precio.

Finalmente, eventos macroeconómicos, políticas gubernamentales, cambios regulatorios y desarrollos geopolíticos también pueden influir en los precios de los criptoactivos. La percepción del mercado sobre la relación de las criptomonedas con estos factores externos puede generar movimientos significativos en los precios.

4.4 Opciones de inversión en Criptoactivos

En la actualidad, existen diversas formas de invertir en criptoactivos, que van desde las más directas hasta las más indirectas.

Tal vez la más directa y sencilla es la compra directa en exchanges. Esta es la forma más común de invertir en criptoactivos. Consiste en comprar criptomonedas en plataformas de intercambio como Coinbase, Binance, Kraken o Bitfinex. Tras el registro basta con depositar fondos y a continuación adquirir las criptomonedas que se desee.

Otra opción menos directa, aunque permite una mayor diversificación es la inversión en fondos de criptomonedas. Algunos fondos de inversión, como los fondos cotizados

(ETFs) o los fondos de cobertura, invierten en criptomonedas y ofrecen a los inversores una forma de diversificar su cartera sin tener que gestionar directamente las criptomonedas.

También se puede optar por participaren ICOs (Ofertas Iniciales de Monedas): Las ICOs son eventos en los que se lanzan nuevas criptomonedas o tokens al mercado para financiar proyectos blockchain. Los inversores pueden participar comprando estos tokens a un precio inicial con la esperanza de que su valor aumente en el futuro.

Finalmente, al margen de las criptomonedas también se puede optar por la participación en NFTs (Tokens No Fungibles): Los NFTs representan activos únicos e indivisibles en la *blockchain* y pueden incluir obras de arte digitales, música, videos, juegos y más. Los inversores pueden comprar y vender NFTs en plataformas especializadas como OpenSea o Rarible.

Estas son solo algunas de las formas más comunes de invertir en criptoactivos en la actualidad. Cada una tiene sus propias características, riesgos y oportunidades de inversión, por lo que es importante investigar y comprender completamente cada opción antes de tomar una decisión de inversión.

En este sentido, antes de invertir, es crucial comprender los criptoactivos, cómo funcionan, su volatilidad y los riesgos asociados, por lo que resulta imprescindible investigar sobre las diferentes criptomonedas, su tecnología subyacente, casos de uso y perspectivas futuras.

V. Influencias en los Mercados

Todos los mercados, tanto los de activos financieros, como los de materias primas e incluso los de criptoactivos, se encuentran influidos, como ya hemos visto, por una amplia gama de factores, tanto internos como externos, que pueden afectar la oferta y la demanda, la confianza de los inversores y la dirección de los precios. Los inversores deben estar atentos a estos factores y adaptar sus estrategias de inversión en consecuencia. Estos factores son de variada naturaleza, y pueden citarse los siguientes entre las principales fuerzas que influyen en los mercados:

Factores Económicos Globales: Los mercados de activos financieros, materias primas y criptoactivos pueden verse influidos por una serie de factores económicos globales, como el crecimiento económico, la inflación, las tasas de interés y las políticas monetarias de los principales bancos centrales.

Eventos Políticos y Geopolíticos: Los eventos políticos, como elecciones, cambios en el liderazgo gubernamental o conflictos geopolíticos, pueden tener un impacto significativo en los mercados financieros.

Eventos geopolíticos como conflictos internacionales, tensiones comerciales y cambios en el liderazgo político pueden generar incertidumbre en los mercados y afectar los precios de los activos financieros y de materias primas. Además, los eventos globales como desastres naturales y pandemias pueden tener efectos significativos en la oferta y demanda de ciertos bienes y activos financieros.

Desarrollos Tecnológicos: Los avances tecnológicos pueden influir en los mercados de diversas maneras. Por ejemplo, la adopción de nuevas tecnologías disruptivas puede impulsar el crecimiento de ciertos sectores o el hundimiento de sólidas empresas históricas, mientras que las preocupaciones sobre la seguridad cibernética pueden afectar la confianza en los activos digitales.

La innovación tecnológica, incluyendo avances en inteligencia artificial, *blockchain* y tecnología financiera, está cambiando la forma en que se operan y perciben los mercados financieros, de materias primas y criptoactivos. Estos avances pueden influir en la eficiencia, transparencia y accesibilidad de los mercados, así como en la creación de nuevos productos y servicios financieros.

Factores Climáticos y Naturales: En el caso de las materias primas, los factores climáticos y naturales, como las sequías, las inundaciones o los desastres naturales, pueden afectar la oferta y la demanda de productos básicos, lo que a su vez puede determinar movimientos en los precios en los mercados de materias primas.

Regulación y Política Gubernamental: La regulación gubernamental y las políticas fiscales pueden tener un impacto significativo en los mercados financieros. Los cambios en la regulación financiera, las políticas comerciales o los impuestos pueden afectar la rentabilidad de las inversiones y la dirección de los flujos de capital.

Sentimiento del Mercado y Psicología de los Inversores: El sentimiento del mercado, influenciado por la psicología colectiva de los inversores, puede desempeñar un papel importante en la dirección de los precios de los activos financieros. Las percepciones sobre la salud económica, la estabilidad política y otros factores pueden influir en las decisiones de inversión, desencadenando olas de euforia o de pánico bursátil.

Eventos Inesperados y Black Swans: Los eventos inesperados, como crisis financieras, pandemias o desastres naturales de gran magnitud, pueden tener efectos significativos y a menudo impredecibles en los mercados financieros y de materias primas. Estos eventos, conocidos como "cisnes negros", pueden desencadenar movimientos bruscos en los precios y aumentar la volatilidad del mercado.

Como vemos, los mercados están influenciados por una variedad de factores que incluyen numerosos factores complejos, difícilmente previsibles y fuertemente interrelacionados. Comprender estas influencias es esencial para los inversores que buscan tomar decisiones informadas en un entorno de mercado dinámico y complicado.

A continuación, pasamos a analizar de forma más detallada algunos de estos grupos de factores.

5.1 Factores Económicos.

Los mercados de activos financieros, materias primas y criptoactivos están intrínsecamente ligados al pulso de la economía global. El crecimiento económico, la estabilidad financiera y la confianza del mercado son motores fundamentales que influyen en la dirección de estos mercados.

Crecimiento Económico: El crecimiento económico de un país o región es un factor clave que afecta a todos los mercados. Un mayor crecimiento económico puede impulsar la demanda de activos financieros y materias primas, mientras que un crecimiento más lento puede tener el efecto contrario.

Los mercados de activos son sensibles al rendimiento de sectores económicos específicos y a las tendencias regionales. El crecimiento en sectores clave como la tecnología, la energía o la salud puede impulsar el desempeño de los mercados, mientras que los desafíos en sectores como la manufactura o el comercio pueden tener un impacto negativo.

Tasas de Interés: Aunque se verán con más detenimiento en el siguiente punto, debido a su fuerte impacto, merece la pena reseñar aquí brevemente los efectos de las decisiones de política monetaria de los bancos centrales. Los cambios en las tasas de interés afectan el costo del dinero y pueden alterar la preferencia de los inversores por diferentes clases de activos. Así, tasas de interés más altas suelen atraer a los inversores hacia activos financieros como bonos, mientras que tasas más bajas pueden aumentar la demanda de acciones y otros activos de mayor rendimiento.

Inflación: La inflación, o el aumento generalizado de los precios de bienes y servicios, puede afectar el poder adquisitivo de los inversores y consumidores. En respuesta a la inflación, los inversores a menudo buscan refugio en activos que actúan como cobertura contra la pérdida de valor, como el oro y otros metales preciosos. Además, las previsiones de incrementos de la inflación afectan a las expectativas de movimientos en los tipos de interés y la política monetaria, por lo que estas expectativas generarán efectos similares a los de los propios movimientos en las tasas de interés.

Desempleo: El nivel de desempleo en una economía puede influir en la confianza del consumidor y en los patrones de gasto, lo que a su vez afecta a los mercados. Un alto desempleo puede llevar a una menor demanda de bienes y servicios, lo que puede impactar negativamente en los precios de las acciones y otras inversiones.

El estado del mercado laboral y la confianza del consumidor son indicadores clave de la salud económica. Un mercado laboral robusto y una confianza del consumidor alta suelen ser señales positivas para los mercados financieros y de materias primas.

No obstante, en periodos fuertemente expansionistas, mercados laborales sin paro pueden derivar también en incrementos de los tipos de interés y otras medidas dirigidas a "enfriar" la economía que puedan afectar negativamente a los mercados de valores.

Balanza Comercial: La balanza comercial, que es la diferencia entre las exportaciones e importaciones de un país, puede afectar a los mercados de materias primas. Por ejemplo, un país que exporta una gran cantidad de materias primas puede experimentar cambios en los precios de estos productos en función de la demanda global.

Políticas regulatorias: Las reformas políticas y regulatorias pueden tener un impacto significativo en los mercados, especialmente en sectores altamente regulados como las finanzas y la tecnología. Los cambios en las políticas fiscales, la regulación financiera, regulaciones sanitarias, normativas contra la contaminación o la legislación relacionada con los criptoactivos pueden influir en la dirección de múltiples mercados.

5.2 Política Monetaria y Fiscal

La política monetaria se refiere a las acciones tomadas por un banco central para controlar la oferta monetaria y las tasas de interés con el fin de influir en la actividad económica y estabilizar los precios. Las decisiones sobre las tasas de interés, la oferta de dinero y otras herramientas de política monetaria afectan el costo del crédito, la inversión y el gasto, lo que a su vez impacta en los mercados financieros y de materias primas.

La política monetaria es una herramienta esencial utilizada por los bancos centrales para influir en la economía y los mercados financieros. Las decisiones sobre las tasas de interés y la oferta monetaria tienen un impacto directo en la actividad económica y en la estabilidad de los mercados.

> **Tasas de Interés:** Las tasas de interés son una herramienta fundamental de la política monetaria. Cuando el banco central aumenta las tasas de interés, se vuelve más costoso pedir prestado dinero, lo que puede desacelerar la actividad económica y afectar negativamente a los mercados de valores y materias primas. Por el contrario, una reducción en las tasas de interés puede estimular el gasto y la inversión, lo que suele ser positivo para los mercados.
>
> Las tasas de interés son el corazón de la política monetaria. Los movimientos en las tasas de interés clave, como la tasa de fondos federales en los Estados Unidos o la tasa de interés de referencia en Europa, pueden tener un efecto dominó en los mercados globales, afectando los rendimientos de los bonos, los

costos de endeudamiento y la demanda de activos financieros.

Oferta Monetaria: La oferta monetaria se refiere a la cantidad de dinero en circulación en una economía. Los cambios en la oferta monetaria, como la impresión de dinero o la compra de activos financieros por parte del banco central (conocido como flexibilización cuantitativa), pueden influir en la inflación, el tipo de cambio y los precios de los activos financieros.

Política Fiscal: La política fiscal se refiere a las decisiones del gobierno sobre el gasto público y la recaudación de impuestos. Los cambios en la política fiscal, como recortes de impuestos o aumentos del gasto público, pueden afectar la demanda agregada y la actividad económica, lo que a su vez impacta en los mercados financieros y de materias primas, mientras que medidas de austeridad pueden tener el efecto contrario.

Tanto la política monetaria como la fiscal tienen como objetivo promover la estabilidad económica y el crecimiento sostenible. La coordinación entre estas políticas es crucial para mantener la estabilidad de precios, el pleno empleo y un crecimiento económico equilibrado, lo que crea un entorno propicio para los mercados financieros y de materias primas.

La política monetaria y fiscal a menudo se ajusta en respuesta al ciclo económico. Durante períodos de desaceleración económica, es probable que los bancos centrales reduzcan las tasas de interés y aumenten la oferta monetaria para estimular la actividad económica. Por el contrario, durante períodos de crecimiento económico robusto, es probable que se tomen medidas para frenar la inflación y evitar el sobrecalentamiento de la economía.

La política monetaria y fiscal son herramientas clave utilizadas por los gobiernos y bancos centrales para influir en la actividad económica y los mercados financieros. El manejo efectivo de estas políticas es fundamental para mantener la estabilidad económica y financiera en un entorno global dinámico.

5.3 Geopolítica

La geopolítica se refiere a las relaciones de poder entre países y regiones y constituye un factor clave que puede tener un impacto significativo en los mercados. Los eventos geopolíticos pueden generar incertidumbre y volatilidad, afectando los precios de los activos y las estrategias de inversión.

Las tensiones entre países o regiones pueden generar preocupaciones sobre la estabilidad política y económica, lo que puede afectar la confianza de los inversores y provocar movimientos bruscos en los mercados financieros. Conflictos militares, disputas comerciales y sanciones internacionales son ejemplos de eventos geopolíticos que pueden impactar en los mercados, restringiendo mercados, afectando al suministro de materias primas estratégicas o a las vías de comunicación y transporte.

Las relaciones entre las principales potencias mundiales, como Estados Unidos, China, Rusia, la Unión Europea o las potencias emergentes, son un factor importante a tener en cuenta para los inversores. Los cambios en las políticas comerciales, diplomáticas y militares entre estas potencias pueden tener una fuerte repercusión en los mercados globales, como se ha podido observar en el actual conflicto en Ucrania.

Por otra parte, las decisiones de los gobiernos en materia de regulación y política pueden tener un impacto directo en los mercados. Cambios en la regulación financiera, fiscales o comerciales, cambios en las políticas comerciales entre países, legislaciones medioambientales o sanitarias, pueden afectar la rentabilidad y la competitividad de las empresas, así como influir en la dirección de los mercados financieros, o crear marcos hostiles entre potencias económicas.

Del mismo modo, los recursos naturales y energéticos son una fuente de poder geopolítico y pueden influir en las relaciones entre países y regiones. Los conflictos por el control de recursos como el petróleo, el gas y los minerales pueden tener repercusiones en los precios de las materias primas y la estabilidad de los mercados.

Y no solo el control de los recursos, sino de las vías e infraestructuras de comunicación pueden tener una importancia geoestratégica crucial. Así, el control de oleoductos, gaseoductos, estrechos y canales de navegación, nodos de cables submarinos, etc. puede tener una influencia clave en la evolución e los mercados financieros, como se ha visto en recientes estrangulamientos como los del Canal de Suez o el Mar Rojo.

Además de los conflictos y tensiones geopolíticas conocidas, los eventos inesperados, como crisis humanitarias, desastres naturales o cambios repentinos en el liderazgo político, pueden generar volatilidad en los mercados. Los inversores deben estar preparados para adaptarse rápidamente a estos eventos y sus implicaciones en los mercados.

En definitiva, la geopolítica es un factor importante a tener en cuenta para los inversores, ya que puede tener impactos altamente significativos en los mercados financieros y de materias primas. Estar al tanto de los acontecimientos geopolíticos y comprender cómo pueden influir en los mercados es crucial para tomar decisiones de inversión informadas y gestionar el riesgo de manera efectiva.

5.4 Desastres Naturales y Eventos Globales

Los desastres naturales y eventos globales pueden tener efectos significativos en los mercados. Estos eventos imprevistos pueden generar volatilidad y causar cambios abruptos en los precios de los activos, así como en las expectativas de los inversores.

Los desastres naturales como terremotos, huracanes, inundaciones y sequías pueden afectar la producción, distribución y transporte de materias primas, así como la infraestructura y la actividad económica en regiones afectadas. Esto puede provocar interrupciones en la oferta y la demanda de productos, lo que impacta en los precios y la volatilidad del mercado. Además, los desastres naturales pueden generar costos significativos para las empresas y las economías afectadas, lo que puede influir en la percepción de los inversores y la dirección de los mercados.

Los eventos globales como pandemias, crisis políticas, tensiones comerciales y conflictos militares pueden generar incertidumbre y afectar la confianza de los inversores. Estos eventos pueden tener ramificaciones económicas y financieras a nivel mundial, lo que se refleja en fuerte volatilidad de los mercados financieros y de materias primas, como las vividas en la reciente pandemia ocasionada por el COVID 19, que llegó a causar fortísimas distorsiones nunca antes vistas, como llevar el precio del petróleo a números negativos.

Frente a desastres naturales y eventos globales, los gobiernos y las organizaciones internacionales suelen implementar medidas de emergencia y políticas de estímulo para mitigar los impactos económicos. Estas respuestas pueden incluir inyecciones de liquidez, recortes de tasas de interés, programas de ayuda financiera y medidas regulatorias para estabilizar los mercados.

Los mercados suelen ser resilientes y capaces de recuperarse de eventos adversos a medida que los inversores se adaptan a las nuevas circunstancias. Sin embargo, la capacidad de recuperación puede variar según la magnitud y duración del evento, así como la efectividad de las respuestas políticas y regulatorias.

Por todo ello, si bien las crisis deparan grandes oportunidades, los inversores deben evaluar cuidadosamente los riesgos asociados con desastres naturales y eventos globales al diseñar sus estrategias. La diversificación de cartera, el uso de instrumentos de cobertura y la monitorización continua de los acontecimientos globales son importantes para gestionar el riesgo y proteger el capital en entornos volátiles.

Conocer los Mercados

VI. Estrategias de Inversión

A la hora de afrontar la inversión en activos financieros son múltiples los aspectos que deben considerarse y las estrategias que podemos desarrollar, en función de nuestro objetivo, nuestro horizonte temporal, nuestros medios y conocimiento, así como nuestra tolerancia al riesgo. Estos que se enumeran a continuación son algunos de los principales aspectos que debemos tener en consideración:

Análisis Fundamental y Técnico: Las estrategias de inversión pueden basarse en el análisis fundamental, que evalúa el valor intrínseco de un activo a través de factores económicos, financieros y empresariales, así como en el análisis técnico, que se centra en patrones de precios y datos históricos para predecir futuros movimientos del mercado.

Diversificación de Cartera: Una estrategia fundamental es diversificar la cartera de inversión, distribuyendo los activos en diferentes clases (acciones, bonos, materias primas, criptoactivos) y sectores para reducir el riesgo y maximizar los rendimientos potenciales.

Gestión Activa vs. Pasiva: Los inversores pueden optar por una gestión activa, donde se realizan decisiones de compra y venta de activos en función de un análisis detallado del mercado, o una gestión pasiva, que busca replicar el rendimiento de un índice o activo subyacente a través de fondos de inversión indexados o ETFs.

Estrategias de Trading: Los *traders* pueden utilizar una variedad de estrategias, como el *day trading*, *swing trading* o *trading* algorítmico, para aprovechar las fluctuaciones del mercado y obtener ganancias en el corto plazo. Estas estrategias suelen requerir un análisis técnico detallado y una gestión eficiente del riesgo.

Hedging y Cobertura: Los inversores pueden utilizar instrumentos financieros como opciones, futuros y contratos de derivados para mitigar el riesgo y protegerse contra movimientos adversos del mercado. Esta estrategia, conocida como *hedging* o cobertura, puede ayudar a reducir la volatilidad de la cartera y proteger los beneficios.

Es importante que los inversores evalúen cuidadosamente el equilibrio entre riesgo y rentabilidad al diseñar sus estrategias de inversión. La comprensión de los riesgos asociados con cada activo y la capacidad de tolerar pérdidas son fundamentales para tomar decisiones de inversión informadas y adecuadas a los objetivos individuales.

Las estrategias de inversión en los mercados de activos financieros, materias primas y criptoactivos pueden variar ampliamente según los objetivos, horizonte temporal y tolerancia al riesgo de cada inversor. La combinación de análisis fundamental y técnico, diversificación de cartera y gestión eficiente del riesgo son elementos clave para alcanzar el éxito en la inversión en estos mercados dinámicos y complejos.

6.1 Análisis Fundamental

El análisis fundamental es un enfoque utilizado por los inversores para evaluar el valor intrínseco de un activo financiero. Se basa en examinar una serie de factores económicos, financieros y empresariales para determinar si un activo está subvalorado o sobrevalorado en relación con su precio de mercado actual. Algunos aspectos importantes del análisis fundamental incluyen:

Variables Económicas: Se examinan indicadores económicos clave, como el crecimiento del PIB, la inflación, el empleo y las tasas de interés, para comprender el entorno macroeconómico en el que opera el activo.

Análisis de la Empresa (para acciones): Para acciones, se analiza en detalle la situación financiera de la empresa emisora, incluyendo sus estados financieros, ingresos, márgenes de beneficio, estructura de capital, endeudamiento y perspectivas de crecimiento futuro.

Valoración Comparativa: Se comparan los fundamentos del activo con los de sus pares en el mercado, utilizando múltiplos financieros como el PER (Price Earnings

Ratio), P/B (Price to Book Ratio), y otros indicadores relevantes para determinar su posición relativa.

Análisis Sectorial y Competitivo: Se analiza el sector en el que opera el activo, evaluando las condiciones del mercado, la competencia, las tendencias tecnológicas y regulatorias, así como otros factores que puedan influir en su desempeño.

Eventos Específicos y Noticias Relevantes: Se consideran eventos específicos de la empresa o noticias relevantes que puedan tener un impacto significativo en su valoración, como lanzamientos de productos, cambios en la dirección ejecutiva, litigios legales, o fusiones y adquisiciones.

Perspectivas a Largo Plazo: El análisis fundamental se centra en evaluar las perspectivas a largo plazo del activo, teniendo en cuenta su capacidad para generar ingresos y beneficios sostenibles a lo largo del tiempo.

El análisis fundamental es una herramienta básica utilizada por los inversores para evaluar la salud financiera y el potencial de crecimiento de un activo. Al considerar una amplia gama de factores económicos, financieros y empresariales, los inversores pueden tomar decisiones de inversión informadas y alineadas con sus objetivos financieros a largo plazo.

6.2 Análisis Técnico

El análisis técnico es una metodología utilizada por los inversores para analizar el comportamiento pasado del mercado y pronosticar posibles movimientos futuros de precios.

El análisis técnico es una herramienta esencial en la caja de herramientas de todo inversor, ya que permite evaluar la acción del precio y las tendencias del mercado para tomar decisiones de inversión informadas. Este enfoque se basa en el estudio de gráficos y datos históricos de precios para identificar patrones y señales que puedan indicar futuros movimientos del mercado. Algunos aspectos clave del análisis técnico incluyen:

Identificación de Patrones Gráficos: Se buscan patrones gráficos, como soportes, resistencias, líneas de tendencia, figuras de inversión (como cabeza y hombros, triángulos, banderas), que pueden proporcionar pistas sobre la dirección futura del precio.

Uso de Indicadores Técnicos: Se utilizan una variedad de indicadores técnicos, como medias móviles, osciladores (RSI, MACD), volumen, y otros, para confirmar tendencias, identificar niveles de sobrecompra o sobreventa, y generar señales de compra o venta.

Análisis de Volumen: Se examina el volumen de operaciones junto con los movimientos de precios para confirmar la validez de las tendencias y detectar posibles cambios en el sentimiento del mercado.

Análisis de Velas Japonesas: Se estudian las formaciones de velas japonesas para obtener información sobre la psicología del mercado y la fuerza de la tendencia, identificando patrones como martillos, estrellas fugaces, envolventes, y más.

En base a la información producida por estos indicadores se establecen pronósticos probabilísticos de comportamiento de los valores estudiados, en función de los cuales se desarrollan estrategias de trading, como el *day trading* (operaciones intradía), el *swing trading* (operaciones a corto plazo), o el *scalping*, aprovechando las oportunidades que ofrece el mercado en diferentes marcos temporales.

Debe prestarse especial atención a la gestión del riesgo y al control emocional, estableciendo niveles de *stop-loss* y *take-profit*, para cortar pérdidas y maximizar ganancias, y manteniendo la disciplina en la ejecución de las operaciones según el plan establecido.

En definitiva, el análisis técnico es una herramienta valiosa que permite a los inversores identificar oportunidades de inversión y gestionar el riesgo de manera efectiva en los mercados financieros. Al combinar el análisis técnico con un enfoque disciplinado y una gestión adecuada del riesgo, los inversores pueden mejorar sus probabilidades de éxito y maximizar sus rendimientos en el mercado.

6.3 Gestión del Riesgo

La gestión del riesgo es un componente fundamental en la toma de decisiones de inversión, destinado a proteger el capital y minimizar las pérdidas potenciales. Es un elemento crucial en el proceso de inversión, esencial para salvaguardar la capacidad de inversión y maximizar el potencial de ganancias a largo plazo. Este proceso implica identificar, evaluar y mitigar los riesgos asociados con las inversiones.

En primer lugar, en toda inversión significativa debe realizarse previamente una evaluación del riesgo: se identifican y evalúan los riesgos potenciales asociados con cada inversión. Se debe llevar a cabo una evaluación exhaustiva de todos los riesgos potenciales, considerando tanto factores internos como externos que puedan afectar el rendimiento de la cartera. Esto implica analizar la volatilidad del mercado, eventos macroeconómicos, políticos y regulatorios, así como riesgos específicos de cada activo.

Por otra parte, y como veremos de forma más desarrollada en el siguiente apartado, para proteger el capital, es imperativo diversificar la cartera de inversión distribuyendo los fondos entre diferentes clases de activos (acciones, bonos, materias primas, criptoactivos), sectores y geografías. La diversificación ayuda a reducir la exposición a riesgos específicos y a mitigar el impacto de movimientos adversos del mercado en la cartera global.

Previamente a cada inversión deber procederse también a evaluar el equilibrio entre riesgo y rendimiento, considerando la relación entre la posible rentabilidad y el nivel de riesgo asumido. Se busca así maximizar el rendimiento potencial al mismo tiempo que se limita la exposición al riesgo.

En este sentido, la inversión debe planificarse adecuadamente, estableciendo con carácter previo los límites de pérdida aceptables, fijando niveles que se activarán si el precio del activo alcanza un cierto punto, limitando así las pérdidas potenciales.

Para ello, se utilizan órdenes de *stop-loss* para cerrar automáticamente una posición si el precio del activo se mueve en dirección desfavorable, así como órdenes de *take-profit* para asegurar ganancias al alcanzar ciertos niveles de precio objetivo. Estas órdenes deben estar automatizadas y ser establecidas de antemano en el momento de planificar la inversión, para evitar sesgos interpretativos de los movimientos del mercado y decisiones emocionales.

Del mismo modo, en función de la ratio beneficio/riesgo se debe dimensionar adecuadamente la operación, para que las posibles pérdidas que se pudieran realizar no afecten a nuestro capital de inversión.

Por otra parte, puede también recurrirse a técnicas de cobertura, como contratos de futuros, opciones y otros derivados, para proteger la cartera contra movimientos adversos del mercado y minimizar las pérdidas potenciales en situaciones de alta volatilidad.

Finalmente, debe realizarse un monitoreo continuo del desempeño de la cartera y de las condiciones del mercado, implementando ajustes según sea necesario para mantener la estrategia de gestión del riesgo alineada con los objetivos de inversión.

La gestión del riesgo es por tanto un proceso integral que implica identificar, evaluar y mitigar los riesgos asociados con las inversiones en los mercados financieros. Al implementar medidas de gestión del riesgo efectivas, los inversores pueden proteger su capital y mejorar sus probabilidades de éxito a largo plazo.

Se hace hincapié en la importancia de la disciplina y el control emocional en la toma de decisiones de inversión. Para ello, es importante establecer automatismos, de modo que se evite tomar decisiones impulsivas basadas en el miedo o la codicia, y se mantenga una perspectiva a largo plazo en todo momento.

6.4 Diversificación de Cartera

La diversificación de cartera es una estrategia fundamental en la gestión de inversiones, diseñada para reducir el riesgo al distribuir los fondos entre una variedad de clases de activos, sectores y geografías. Este enfoque busca minimizar la exposición a riesgos específicos y maximizar el potencial de rendimiento a largo plazo.

La diversificación comienza con una cuidadosa asignación de activos, donde los fondos se distribuyen entre diferentes clases de activos, como acciones, bonos, materias primas o criptoactivos. Esta distribución se realiza de manera equilibrada según los objetivos de inversión y la tolerancia al riesgo del inversor.

Además de diversificar entre clases de activos, se considera importante diversificar también geográficamente y entre sectores económicos. Esto implica invertir en diferentes regiones del mundo y en diferentes industrias para mitigar el riesgo de eventos adversos locales o sectoriales.

La diversificación puede lograrse tanto a través de estrategias de gestión activa como pasiva. Mientras que las estrategias pasivas pueden incluir la inversión en fondos indexados que replican un índice de mercado, las estrategias activas implican la selección individual de acciones o activos basada en un análisis detallado.

Es importante realizar un rebalanceo periódico de la cartera para mantener la asignación de activos deseada. Esto implica vender activos que han tenido un rendimiento excepcionalmente alto y comprar activos subvaluados para restaurar el equilibrio original de la cartera.

Se debe realizar un monitoreo continuo del desempeño de la cartera y de las condiciones del mercado. Esto permite realizar ajustes según sea necesario y aprovechar oportunidades emergentes, al tiempo que se asegura que la cartera siga alineada con los objetivos de inversión.

La estrategia de diversificación debe ser flexible y adaptable para responder a cambios en el entorno económico y de mercado. Los inversores deben estar dispuestos a ajustar su enfoque de inversión según evolucionen las condiciones y nuevas oportunidades o riesgos surjan.

6.5 Nuevos instrumentos de inversión

En los últimos años han aparecido algunos instrumentos financieros relativamente novedosos que pueden ofrecer interesantes alternativas de inversión, mejorando la ratio riesgo/beneficio, multiplicando la capacidad de inversión, o abriendo a pequeños capitales mercados antes solo reservados a inversiones de grandes montos.

ETF (Exchange-Traded Fund): Un ETF es un fondo de inversión que cotiza en bolsa y que generalmente rastrea un índice específico, como el S&P 500. Los inversores pueden comprar y vender acciones de un ETF en cualquier momento durante el horario de negociación del mercado.

CDO (Collateralized Debt Obligation): Un CDO es un tipo de instrumento financiero estructurado que se crea al agrupar diversos tipos de deuda, como hipotecas residenciales o comerciales. Estas deudas se dividen en diferentes tramos de riesgo y rendimiento, que se venden a inversores. Los CDOs fueron muy utilizados antes de la crisis financiera de 2008, pero desde entonces se han sometido a una mayor regulación.

Fondos Indexados: Los fondos indexados son fondos de inversión diseñados para seguir de cerca el rendimiento de un índice específico, como el S&P 500. En lugar de buscar superar al mercado, como lo hacen los fondos gestionados activamente, los fondos indexados buscan replicar el rendimiento del índice subyacente. Son populares entre los inversores que prefieren una estrategia de inversión pasiva y de bajo costo.

REIT (Real Estate Investment Trust): Un REIT es una empresa que posee, opera o financia bienes raíces que generan ingresos. Los REITs suelen invertir en una variedad de propiedades comerciales, como oficinas, centros comerciales, apartamentos y hoteles. Ofrecen a los inversores la oportunidad de participar en el mercado inmobiliario sin tener que comprar propiedades directamente.

Fondos de Inversión Alternativa: Estos fondos invierten en activos no tradicionales, como materias primas, bienes raíces privados, infraestructuras, deuda estructurada, entre otros. Los fondos de inversión alternativa suelen tener un enfoque más flexible y pueden buscar obtener rendimientos positivos en diferentes condiciones de mercado, ofreciendo así una diversificación adicional a las carteras de inversión.

CFDs (Contratos por Diferencia): Los Contratos por Diferencia (CFDs) son instrumentos financieros que permiten a los inversores especular sobre la fluctuación de precios de diversos activos subyacentes, como acciones, índices, materias primas, divisas y criptomonedas, sin poseer realmente el activo subyacente.

Los CFDs son productos financieros apalancados y conllevan un alto nivel de riesgo. Debido al apalancamiento, incluso pequeños movimientos en el precio del activo subyacente pueden resultar en grandes ganancias o pérdidas.

Los CFDs son instrumentos complejos y no adecuados para todos los inversores. Es importante comprender completamente su funcionamiento, riesgos y costos antes de operar con ellos, y es recomendable buscar asesoramiento financiero independiente si es necesario.

Diferencias entre ETFs y Fondos Indexados.

Aunque muestran similitudes claras, conviene exponer las diferencias entre estos dos tipos de instrumentos.

Un ETF es un tipo específico de fondo de inversión que cotiza en bolsa, lo que significa que las acciones del ETF se negocian en los mercados financieros, al igual que las acciones individuales.

Los ETFs generalmente tienen una estructura de gestión pasiva, lo que significa que su objetivo es replicar el rendimiento de un índice subyacente específico, como el S&P 500 o el Nasdaq 100.

Los inversores pueden comprar y vender acciones de un ETF en cualquier momento durante el horario de negociación del mercado, y el precio de las acciones del ETF fluctúa a lo largo del día en función de la oferta y la demanda en el mercado.

Por su parte, un fondo indexado es un tipo de fondo de inversión que también busca replicar el rendimiento de un índice específico, pero no cotiza en bolsa como un ETF.

Los fondos indexados también tienen una estructura de gestión pasiva y buscan mantener una cartera de inversiones que refleje de cerca el rendimiento del índice subyacente.

A diferencia de los ETFs, las participaciones en un fondo indexado generalmente se compran y venden directamente al fondo, y el precio de las participaciones se calcula una vez al día, al final del día hábil de negociación.

En resumen, la principal diferencia entre un ETF y un fondo indexado radica en su estructura de negociación: los ETFs se negocian en bolsa como acciones, mientras que los fondos indexados se compran y venden directamente al fondo. Ambos tipos de fondos tienen el mismo objetivo fundamental de proporcionar a los inversores una exposición diversificada a un índice específico a través de una gestión pasiva.

VII. Regulación y Supervisión de los Mercados

La regulación y supervisión de los mercados financieros es fundamental para garantizar su integridad, transparencia y estabilidad. Los reguladores y supervisores desempeñan un papel crucial en la protección de los inversores, la prevención de actividades ilícitas y la promoción de mercados justos y eficientes. La regulación y la supervisión son pilares fundamentales para garantizar la integridad y el buen funcionamiento de estos ecosistemas.

Las regulaciones y normativas son las reglas del juego en los mercados financieros. Cada país tiene su propio marco regulatorio que establece las reglas y requisitos para la operación de los mercados. Estas regulaciones son establecidas por agencias gubernamentales específicas encargadas de supervisar y hacer cumplir las leyes financieras.

El marco regulatorio puede abarcar una enorme variedad de aspectos, incluyendo, además de los inevitables aspectos impositivos, la autorización y registro de participantes del mercado, la divulgación de información, la conducta comercial, la protección al consumidor, la prevención del lavado de dinero y la lucha contra el fraude y la manipulación del mercado.

En cada jurisdicción, existen organismos reguladores que supervisan y hacen cumplir estas normativas. Estos incluyen la Comisión de Valores y Bolsa (SEC) en Estados Unidos, la Autoridad Europea de Valores y Mercados (ESMA) en Europa y la Comisión Nacional del Mercado de Valores (CNMV) en España, entre otros.

Los reguladores financieros y autoridades de supervisión son responsables de monitorear y hacer cumplir las regulaciones por parte de los participantes del mercado. Esto puede incluir la realización de inspecciones, auditorías y exámenes periódicos, así como la imposición de sanciones por violaciones de las leyes financieras.

Los participantes del mercado, incluyendo bancos, corredores, bolsas de valores, empresas de inversión y plataformas de intercambio de criptoactivos, están sujetos a las normas y requisitos establecidos por los reguladores y deben cumplir con las obligaciones de informar y mantener registros precisos de sus operaciones.

Además, las autoridades de supervisión tienen la tarea de investigar y sancionar cualquier actividad ilícita o infracción de las normativas, lo que contribuye a mantener la confianza y la credibilidad en los mercados.

La regulación y supervisión de los mercados enfrenta una serie de desafíos, incluyendo la adaptación a la innovación tecnológica, la prevención de actividades delictivas en línea, la coordinación entre jurisdicciones internacionales y el equilibrio entre la protección del inversor y la promoción de la innovación y el crecimiento económico.

En un mundo cada vez más digitalizado, los reguladores enfrentan el reto de adaptarse a la innovación tecnológica. Con la aparición de nuevos productos financieros, como los criptoactivos y las plataformas de financiación colectiva (crowdfunding), es crucial que las regulaciones se mantengan actualizadas y relevantes.

En el caso de los mercados de criptoactivos, la regulación y supervisión pueden ser especialmente complejas debido a la naturaleza descentralizada y global de las criptomonedas, así como a los desafíos asociados con la identificación y mitigación de riesgos, como el lavado de dinero y el financiamiento del terrorismo.

Dada la naturaleza global de los mercados financieros, la coordinación internacional entre reguladores y autoridades de supervisión es crucial para abordar los riesgos transfronterizos y garantizar la coherencia y consistencia en la regulación y supervisión de los mercados.

Los organismos internacionales, como el Consejo de Estabilidad Financiera (FSB) y la Organización Internacional de Comisiones de Valores (IOSCO), desempeñan un papel importante en la promoción de estándares y mejores prácticas internacionales en materia de regulación y supervisión de los mercados financieros.

7.1 Organismos Reguladores Internacionales

Los organismos reguladores internacionales desempeñan un papel crucial en la armonización de las regulaciones financieras a nivel global y en la promoción de estándares consistentes en todo el mundo. Estos serían algunos de los principales organismos reguladores internacionales:

Consejo de Estabilidad Financiera (FSB): El FSB es un organismo internacional que supervisa y coordina el trabajo de las autoridades financieras nacionales y regionales, así como de otros organismos internacionales, para promover la estabilidad financiera global.

El FSB identifica y evalúa los riesgos sistémicos en el sistema financiero mundial y desarrolla políticas y estándares internacionales para abordar estos riesgos. También supervisa la implementación de estas políticas por parte de los países miembros.

Grupo de Acción Financiera (GAFI): El GAFI es un organismo intergubernamental que establece estándares y promueve la implementación de medidas para combatir el lavado de dinero, la financiación del terrorismo y otras amenazas relacionadas con la integridad del sistema financiero.

El GAFI desarrolla recomendaciones internacionales sobre prevención del lavado de dinero y financiamiento del terrorismo, y evalúa la efectividad de las medidas tomadas por los países para cumplir con estas recomendaciones.

Organización Internacional de Comisiones de Valores (IOSCO): La IOSCO es una organización internacional que reúne a reguladores de valores de todo el mundo. Su objetivo es desarrollar, implementar y promover estándares y mejores prácticas para los mercados de valores globales.

La IOSCO emite principios y directrices sobre regulación de valores, supervisión de mercados, protección al inversor y cooperación entre reguladores. También facilita la colaboración y el intercambio de información entre sus miembros.

Comité de Basilea de Supervisión Bancaria: El Comité de Basilea es un organismo integrado por autoridades de supervisión bancaria de varios países que desarrolla estándares internacionales para la regulación y supervisión bancaria.

El Comité de Basilea emite normas y directrices sobre capital bancario, riesgo de crédito, riesgo operativo, riesgo de mercado y otros aspectos relacionados con la solvencia y estabilidad de los bancos.

Estos son solo algunos ejemplos de los numerosos organismos reguladores internacionales que trabajan para promover la estabilidad y la integridad en los mercados financieros globales. Su labor es fundamental para abordar los desafíos transfronterizos y promover estándares consistentes en todo el mundo.

En Estados Unidos, por su parte, la regulación financiera está a cargo de varios organismos gubernamentales, cada uno con su propio conjunto de responsabilidades y áreas de enfoque:

Securities and Exchange Commission (SEC): La Comisión de Valores y Bolsa (SEC) es el principal regulador de los mercados de valores en Estados Unidos. Su misión es proteger a los inversores, mantener mercados justos, ordenados y eficientes, y facilitar la formación de capital. La SEC supervisa a las bolsas de valores, las empresas de corretaje, los fondos mutuos y otros participantes del mercado de valores.

Commodity Futures Trading Commission (CFTC): La Comisión de Negociación de Futuros de Productos Básicos (CFTC) regula los mercados de futuros y opciones en Estados Unidos. Su función principal es proteger a los participantes del mercado contra prácticas comerciales fraudulentas, manipuladoras y abusivas, y garantizar la integridad y transparencia de los mercados de productos básicos.

Federal Reserve System (Fed): El Sistema de la Reserva Federal, o simplemente la Reserva Federal, es el banco central de Estados Unidos. Si bien su mandato principal es formular y ejecutar la política monetaria, también desempeña un papel importante en la supervisión y regulación de instituciones financieras para garantizar la estabilidad del sistema financiero.

Financial Industry Regulatory Authority (FINRA): La Autoridad Reguladora de la Industria Financiera (FINRA) es una organización autorreguladora que supervisa a los corredores de bolsa y firmas de inversión en Estados Unidos. FINRA establece y hace cumplir las reglas de conducta de la industria y protege a los inversores al garantizar la integridad y la equidad de los mercados financieros.

Office of the Comptroller of the Currency (OCC): La Oficina del Contralor de la Moneda (OCC) supervisa y regula los bancos nacionales y las asociaciones federales de ahorro en Estados Unidos. Su objetivo es garantizar la seguridad y solidez de estas instituciones y promover la equidad y la eficiencia en los servicios financieros.

7.2 Organismos Reguladores Europeos y nacionales

En la Unión Europea (UE), la regulación financiera se lleva a cabo a través de una serie de organismos y entidades que trabajan en conjunto para promover la estabilidad y la integridad en los mercados financieros europeos. A continuación, se describen algunos de los principales organismos reguladores en la UE:

Autoridad Bancaria Europea (EBA): La EBA es una agencia de la UE responsable de supervisar y regular el sector bancario en la Unión Europea. Su objetivo es garantizar la estabilidad financiera y la integridad del sistema bancario europeo, así como promover la convergencia de normas y prácticas en toda la UE.

Autoridad Europea de Valores y Mercados (ESMA): La ESMA es un organismo supervisor de la UE encargado de supervisar y regular los mercados de valores en la

Unión Europea. Su misión es proteger a los inversores, promover la estabilidad financiera y garantizar la integridad de los mercados financieros europeos.

Junta Europea de Riesgo Sistémico (ESRB): La ESRB es un organismo europeo encargado de la supervisión macroprudencial del sistema financiero en la Unión Europea. Su objetivo es identificar, analizar y mitigar los riesgos sistémicos que puedan surgir en el sistema financiero europeo y afectar la estabilidad financiera en general.

Autoridades Nacionales Competentes (ANC): Además de los organismos reguladores a nivel de la UE, cada país miembro de la UE cuenta con sus propias autoridades nacionales competentes en materia financiera. Estas autoridades son responsables de supervisar y regular los mercados financieros a nivel nacional, en línea con las normativas y directrices establecidas por la UE.

Banco Central Europeo (BCE): Aunque no es un organismo regulador en sí mismo, el BCE desempeña un papel importante en la regulación y supervisión del sistema financiero en la Eurozona. Es responsable de establecer políticas monetarias y garantizar la estabilidad de precios en la zona euro, lo que tiene un impacto significativo en los mercados financieros europeos.

Estos son solo algunos de los organismos reguladores clave en la Unión Europea que trabajan para garantizar la estabilidad y la integridad en los mercados financieros europeos. Su labor es fundamental para promover la confianza de los inversores y mantener la estabilidad del sistema financiero en toda la UE.

En España, los organismos reguladores que velan por la transparencia, integridad y estabilidad de los mercados son los siguientes:

Comisión Nacional del Mercado de Valores (CNMV): La CNMV es el organismo encargado de la supervisión e inspección de los mercados de valores en España. Su principal objetivo es proteger a los inversores y garantizar el correcto funcionamiento de los mercados de valores, promoviendo la transparencia y la eficiencia en las operaciones.

La CNMV supervisa a las entidades financieras, emisores de valores, sociedades gestoras de fondos de inversión, y otros participantes del mercado, asegurando el cumplimiento de las normativas y la divulgación de información relevante.

Banco de España: El Banco de España es el banco central nacional y el supervisor del sistema bancario español. Su función principal es mantener la estabilidad del sistema financiero, supervisando a las entidades bancarias y adoptando medidas para prevenir riesgos sistémicos.

El Banco de España también regula aspectos como la política monetaria, la emisión de moneda, y la estabilidad de precios, contribuyendo así a la estabilidad macroeconómica del país.

Dirección General de Seguros y Fondos de Pensiones (DGSFP): La DGSFP es el organismo encargado de la supervisión y regulación del sector de seguros y fondos de pensiones en España. Su objetivo es proteger los derechos de los asegurados y los partícipes de los fondos de pensiones, promoviendo la solvencia y la transparencia en el sector.

Tesoro Público: El Tesoro Público es el órgano responsable de la gestión de la deuda pública y de la financiación del Estado español. Se encarga de emitir deuda soberana en los mercados financieros y de asegurar el adecuado funcionamiento de los mercados de deuda pública. El Tesoro Público establece políticas de financiación y gestiona la deuda del Estado de manera eficiente, contribuyendo así a mantener la estabilidad financiera del país.

Estos organismos reguladores en España trabajan de manera coordinada para supervisar y regular los distintos segmentos del sistema financiero, promoviendo la estabilidad y la integridad en los mercados financieros españoles.

7.3 Legislación Nacional

La legislación nacional en materia financiera establece el marco legal dentro del cual operan los mercados financieros en cada país. Estas leyes y regulaciones son promulgadas por los gobiernos para garantizar la integridad, transparencia y eficiencia de los mercados financieros nacionales.

La legislación nacional regula la estructura y operación de los mercados financieros, incluyendo bolsas de valores, mercados de derivados, y otros sistemas de negociación. Establece los requisitos para la autorización y supervisión de los intermediarios financieros, así como las obligaciones de divulgación de información para garantizar la transparencia en las transacciones.

La legislación financiera nacional incluye también disposiciones para proteger los derechos e intereses de los inversionistas. Esto puede incluir normas sobre la conducta comercial de los intermediarios financieros, la divulgación de riesgos y costos, y la compensación en caso de mala praxis o incumplimiento.

También tiene una especial relevancia la legislación nacional en materia de Prevención del Lavado de Dinero y Financiamiento del Terrorismo (PLD/FT), que establece medidas para prevenir y detectar el lavado de dinero y el financiamiento del terrorismo. Esto puede incluir la identificación y verificación de clientes, la presentación de reportes de transacciones sospechosas, y la cooperación con autoridades internacionales en la lucha contra el crimen financiero.

Por otra parte, la legislación nacional en materia bancaria establece normas para la regulación y supervisión de las instituciones financieras, incluyendo requisitos de capital, límites de exposición al riesgo y procedimientos de resolución en caso de quiebra o insolvencia.

Finalmente, la legislación fiscal nacional tiene un impacto significativo en los mercados financieros, ya que establece el tratamiento tributario de las inversiones y transacciones financieras. Esto puede incluir impuestos sobre ganancias de capital, dividendos, intereses y otros ingresos financieros.

Los países suelen colaborar con organismos reguladores internacionales, como el **FSB**, el **GAFI** y la **IOSCO**, para garantizar la coherencia y consistencia de la legislación nacional con los estándares internacionales y promover la estabilidad y la integridad en los mercados financieros a nivel global.

La legislación nacional en materia financiera proporciona el marco legal para el funcionamiento de los mercados financieros, protege los derechos de los inversionistas, combate el crimen financiero y promueve la estabilidad y la integridad en el sistema financiero nacional.

7.4 Cumplimiento y Ética en los Mercados:

El cumplimiento y la ética en los mercados financieros son aspectos fundamentales para garantizar la integridad, la transparencia y la confianza en el sistema financiero. Las regulaciones y prácticas éticas establecen normas y estándares de conducta que deben seguir tanto los participantes del mercado como las instituciones financieras. Son la base para construir relaciones sólidas y mantener la confianza en los mercados.

El cumplimiento regulatorio implica el acatamiento de las leyes y regulaciones establecidas por los organismos reguladores pertinentes. Esto incluye el cumplimiento de normativas sobre divulgación de información, protección al inversor o prevención del lavado de dinero, entre otros aspectos regulatorios.

Por otra parte, el gobierno corporativo se refiere a las estructuras y procesos mediante los cuales las empresas y entidades financieras son dirigidas y controladas. Esto incluye la definición de responsabilidades y roles de los directivos, la transparencia en la toma de decisiones y la rendición de cuentas ante los accionistas y otros *stakeholders*. Se trata de establecer roles claros, ser transparentes en las decisiones y rendir cuentas ante los accionistas y demás involucrados.

Las instituciones financieras, además, deben implementar políticas y procedimientos para identificar y gestionar los conflictos de interés que puedan surgir en sus operaciones. Esto puede incluir la separación de funciones, la divulgación de relaciones comerciales y la adopción de medidas para mitigar los conflictos de interés.

Las prácticas comerciales justas y éticas son fundamentales para mantener la integridad en los mercados financieros. Esto implica evitar comportamientos engañosos, manipulativos o fraudulentos, así como garantizar la equidad y la transparencia en las transacciones financieras.

Fomentar una cultura organizacional basada en el cumplimiento y la ética es esencial para promover un comportamiento responsable en el sector financiero. Esto implica establecer valores éticos, proporcionar capacitación en cumplimiento normativo y promover una conducta ética en todos los niveles de la organización.

En este sentido, debe destacarse el papel de la Responsabilidad Social Corporativa (RSC), que implica que las instituciones financieras asuman la responsabilidad de sus impactos sociales, ambientales y económicos. Esto incluye el compromiso con la sostenibilidad, la inclusión financiera y el respeto a los derechos humanos en sus operaciones y actividades.

Garantizar el cumplimiento y la ética en los mercados financieros es fundamental para promover la confianza de los inversores y mantener la estabilidad y la integridad del sistema financiero en su conjunto. Las regulaciones y prácticas éticas proporcionan un marco sólido para el funcionamiento transparente y equitativo de los mercados financieros.

VIII. Tendencias y Desafíos Futuros

El futuro de los mercados está sujeto a una serie de tendencias y desafíos que moldearán la evolución de los distintos sectores en los próximos años. Estas son quizá, de manera sucinta, las corrientes emergentes más relevantes:

Digitalización y Tecnología Financiera (Fintech): La tecnología está cambiando el juego en el mundo financiero. La digitalización y el avance de la tecnología financiera, conocida como Fintech, están transformando cómo hacemos negocios. El uso de *blockchain*, la inteligencia artificial y otras innovaciones tecnológicas está revolucionando la infraestructura y los procesos de los mercados.

Inversión Sostenible y Responsable: Existe una creciente conciencia sobre la importancia de la inversión sostenible y responsable. Los inversores están considerando cada vez más factores ambientales, sociales y de gobernanza (ESG) en sus decisiones de inversión, lo que está impulsando el desarrollo de productos financieros que integren criterios ESG.

Regulación y Supervisión: Los mercados financieros están sujetos a una creciente regulación y supervisión por parte de las autoridades competentes. Se espera que las regulaciones continúen evolucionando para abordar nuevos desafíos, como la globalización de los mercados, la digitalización, la innovación tecnológica y los riesgos sistémicos.

Globalización y Conectividad de los Mercados: Los mercados financieros están cada vez más interconectados a nivel global, lo que significa que los eventos en un mercado pueden tener repercusiones en otros. La globalización de los mercados plantea desafíos en términos de coordinación regulatoria, gestión de riesgos y estabilidad financiera.

Volatilidad y Cambios en las Condiciones del Mercado: La volatilidad y los cambios en las condiciones del mercado son una constante en los mercados financieros que ha venido acelerándose en los últimos años, debido a la rapidez de la innovación tecnológica y la interconectividad entre todos los mercados. Factores como la geopolítica, la economía global, los eventos naturales y las crisis financieras que antes podían encapsularse con mayor facilidad pueden influir en la volatilidad y la dirección de los mercados globales.

Innovación en Criptoactivos y DeFi: La innovación en el espacio de los criptoactivos y las finanzas descentralizadas (DeFi) está generando nuevas oportunidades y desafíos en el panorama financiero. Se espera que la adopción de criptoactivos y las aplicaciones DeFi continúen creciendo, lo que plantea retos regulatorios y de seguridad.

El futuro de los mercados financieros está lleno de oportunidades y desafíos. Estar al tanto de las tendencias emergentes y preparados para adaptarse a los cambios será clave para tener éxito en este emocionante mundo.

8.1 Digitalización de los Mercados

La digitalización de los mercados financieros es un proceso continuo que está transformando profundamente la manera en que se llevan a cabo las transacciones, se accede a los servicios financieros y se interactúa en el entorno económico. Este fenómeno abarca una amplia gama de aspectos, desde la infraestructura tecnológica subyacente hasta la forma en que los usuarios finales actúan en los mercados.

Uno de los aspectos más destacados de la digitalización es el avance de la tecnología *blockchain*. Esta innovación descentralizada ha introducido un nuevo paradigma en la forma en que se registran y verifican las transacciones. Al utilizar registros distribuidos y criptografía avanzada, la tecnología *blockchain* permite una mayor transparencia, seguridad y eficiencia en las operaciones financieras. Además, su capacidad para eliminar la necesidad de intermediarios en muchas transacciones ha despertado un gran interés en la industria.

Pero eso no es todo. Las *fintech* están llegando con fuerza, ofreciendo soluciones innovadoras para todo, desde pagos móviles hasta préstamos *peer-to-peer* y gestión de inversiones automatizada. Esto está democratizando el acceso a los servicios financieros, permitiendo que más personas puedan participar en los mercados y hacer crecer su dinero, administrando sus finanzas de manera más eficiente y consciente.

Además, la digitalización está impulsando una mayor automatización de los procesos comerciales y financieros. Los algoritmos y sistemas de inteligencia artificial están siendo utilizados para realizar análisis de datos, ejecutar operaciones y tomar decisiones comerciales en tiempo real. Esto no solo está aumentando la velocidad y la precisión de las transacciones, sino que también está generando nuevas oportunidades en áreas como el trading algorítmico y la gestión de riesgos.

Sin embargo, la digitalización también plantea desafíos significativos. Uno de los más importantes es el riesgo cibernético. A medida que más transacciones se realizan en línea y se almacenan en sistemas digitales, aumenta la exposición a posibles amenazas de seguridad, como el robo de datos y los ataques informáticos. La protección de la privacidad y la seguridad de los datos se ha convertido en una prioridad crítica para las empresas financieras y los reguladores. Tenemos que asegurarnos de que nuestros sistemas estén protegidos contra posibles ataques y de que nuestros datos estén en buenas manos.

Por todo ello, la digitalización de los mercados financieros está redefiniendo la forma en que operamos e interactuamos en el mundo financiero. Si bien presenta numerosas oportunidades para la innovación y la eficiencia, también plantea desafíos importantes que deben abordarse para garantizar la integridad y la estabilidad de los mercados en el futuro.

Es emocionante estar en la vanguardia de esta revolución, pero también es importante ser conscientes de los riesgos y tomar las precauciones necesarias para asegurar un futuro digital seguro y próspero.

8.2 Cambio Climático y Sostenibilidad

El cambio climático y la sostenibilidad son temas cada vez más relevantes en los mercados financieros, y su impacto continuará siendo una consideración importante en el futuro.

El cambio climático está causando alteraciones significativas en el clima global. Esto incluye fenómenos extremos como olas de calor, sequías, inundaciones y tormentas más intensas, lo que puede tener graves repercusiones en la economía y los mercados.

En este sentido, el cambio climático presenta una serie de riesgos para los mercados financieros, incluyendo riesgos físicos (como daños a la propiedad y la infraestructura), riesgos de transición (como cambios en las políticas gubernamentales y regulaciones) y riesgos de reputación (derivados de una mala gestión ambiental y social). Sin embargo, también abre oportunidades para la inversión en sectores como las energías renovables, la eficiencia energética y la tecnología ambiental, como sectores emergentes a lo largo de la última década.

Por otra parte, la sostenibilidad se refiere a la capacidad de satisfacer las necesidades del presente sin comprometer la capacidad de las futuras generaciones para satisfacer las suyas. En el contexto financiero, esto implica consideraciones ambientales, sociales y de gobernanza (ESG) en las decisiones de inversión. Cada vez más inversores están integrando criterios ESG en sus estrategias de inversión, reconociendo el valor a largo plazo de invertir de manera sostenible.

En este sentido, la creciente preocupación por el cambio climático y la sostenibilidad ha llevado a un aumento en la regulación y la transparencia en los mercados financieros. Los reguladores están exigiendo cada vez más a las empresas que divulguen información relacionada con sus impactos ambientales y sociales, así como sus estrategias para abordar estos desafíos. Esto proporciona a los inversores una mayor visibilidad sobre los riesgos y oportunidades asociados con la sostenibilidad.

En contrapartida, la necesidad de financiar la transición hacia una economía más sostenible está impulsando la innovación en el sector financiero. Esto incluye el desarrollo de nuevos productos financieros, como bonos verdes y préstamos sostenibles, así como el crecimiento de inversiones de impacto que buscan generar beneficios sociales y ambientales positivos junto con retornos financieros.

El cambio climático y la sostenibilidad representan desafíos significativos, pero también oportunidades para los mercados financieros. Los inversores y las empresas son cada vez más conscientes de la importancia de abordar estos temas, y es probable que su impacto continúe siendo una consideración clave en el futuro.

8.3 Innovaciones Tecnológicas

Las innovaciones tecnológicas están transformando rápidamente los mercados financieros y seguirán siendo una fuerza impulsora en el futuro.

La inteligencia artificial (IA) y el aprendizaje automático (ML) están revolucionando la forma en que se analizan los datos y se toman decisiones. Estas tecnologías pueden procesar grandes cantidades de información de manera rápida y eficiente, identificar patrones y tendencias, y mejorar la precisión en la toma de decisiones. Esto se aplica en áreas como el análisis de riesgos, la detección de fraudes, la gestión de carteras y la predicción de precios.

La automatización y la robótica están transformando los procesos operativos en el sector financiero, desde la gestión de carteras hasta el servicio al cliente. Los *chatbots* y los asistentes virtuales están siendo utilizados para mejorar la experiencia del cliente, mientras que los algoritmos de trading automatizado están optimizando la ejecución de operaciones y la gestión de riesgos.

La realidad aumentada (AR) y la realidad virtual (VR) están siendo exploradas en el sector financiero como herramientas para la visualización de datos, la capacitación de empleados y la creación de experiencias de usuario más inmersivas. Estas tecnologías tienen el potencial de mejorar la eficiencia, la productividad y la colaboración en el entorno financiero.

Además del *blockchain* y las *fintech* tratadas en el primer apartado, las innovaciones tecnológicas están redefiniendo la forma en que operamos en los mercados financieros, ofreciendo nuevas oportunidades, pero también desafíos en términos de regulación, seguridad y ética. Es crucial que los participantes del mercado estén preparados para adaptarse a estos cambios y aprovechar al máximo las nuevas tecnologías disponibles.

8.4 Globalización y Fragmentación de los Mercados:

Si algo está cambiando rápidamente la dinámica de los mercados financieros en los últimos años es la interacción entre la globalización y la fragmentación, dos fuerzas opuestas y contradictorias que influyen en los mercados y que continuarán moldeando su evolución en el futuro.

La globalización se refiere al proceso de interconexión e interdependencia entre las economías y los mercados financieros de todo el mundo. Este fenómeno ha sido impulsado por avances en tecnología, comunicaciones y transporte, lo que ha permitido un mayor flujo de capital, bienes y servicios a través de las fronteras. La globalización ha llevado a la integración de los mercados financieros, permitiendo a los inversores acceder a una gama más amplia de oportunidades de inversión y diversificar sus carteras a nivel internacional. Gracias a avances en tecnología y comunicaciones, el flujo de capital y la integración económica entre países han alcanzado niveles sin precedentes. Esto significa que lo que sucede en un rincón del mundo puede afectar instantáneamente a los mercados en el otro extremo del globo.

A pesar de la globalización, también observamos tendencias hacia la fragmentación de los mercados financieros. Esto se debe en parte a factores geopolíticos, como tensiones comerciales y conflictos, que pueden crear barreras comerciales y obstáculos para el flujo de capital entre países. Además, vemos una creciente tendencia hacia la regionalización, con bloques comerciales como la Unión Europea, el Mercosur o los **BRICS** promoviendo la integración económica dentro de sus regiones en un mundo que tiende a la multipolaridad.

Tanto la globalización como la fragmentación tienen importantes implicaciones para los inversores y las empresas. La globalización ofrece oportunidades de diversificación y acceso a mercados emergentes en crecimiento, pero también aumenta la exposición a riesgos internacionales, como fluctuaciones en los tipos de cambio y crisis económicas en otros países. Por otro lado, la fragmentación puede crear desafíos para las empresas que operan en múltiples mercados, enfrentando barreras regulatorias y comerciales que limitan su capacidad para operar de manera eficiente y rentable en todo el mundo.

La tecnología también está contribuyendo a la fragmentación de los mercados financieros, a través de la proliferación de plataformas de negociación electrónica y sistemas de comercio alternativos. Esto ha llevado a la aparición de "micro-mercados" especializados que atienden a segmentos específicos del mercado, como el trading de alta frecuencia y el mercado de criptoactivos. Si bien esto puede aumentar la eficiencia y la liquidez en ciertos segmentos del mercado, también puede generar preocupaciones sobre la transparencia y la equidad en la formación de precios.

La globalización y la fragmentación están remodelando constantemente los mercados financieros. Es importante entender estas dinámicas y adaptarse a ellas para navegar con éxito en un mundo cada vez más interconectado, pero también fragmentado. Estamos en un juego de equilibrio constante entre lo global y lo local; lo general y lo especializado; y entender este juego es clave para el éxito en los mercados financieros del futuro.

*El mercado es como una mujer caprichosa, siempre cambiante.
No basta con entenderla, también hay que amarla.*

Nicolas Darvas

EPÍLOGO

Después de explorar en detalle los mercados financieros, las materias primas y los criptoactivos, podemos extraer algunas conclusiones importantes y vislumbrar las perspectivas futuras con un enfoque neutral:

Una conclusión destacada es la resiliencia y adaptabilidad inherentes a los mercados. A lo largo de la historia, hemos visto cómo los mercados han enfrentado desafíos diversos, desde crisis económicas hasta eventos geopolíticos, y han logrado recuperarse y adaptarse con el tiempo. Esta capacidad de adaptación es fundamental para mantener la estabilidad y la confianza en los mercados financieros.

La innovación tecnológica seguirá siendo un motor clave de cambio en los mercados financieros. La digitalización, la inteligencia artificial, el *blockchain* y otras tecnologías emergentes están transformando la forma en que operamos, invertimos y gestionamos riesgos en los mercados. A medida que estas tecnologías continúen evolucionando, es probable que veamos cambios significativos en la infraestructura y el funcionamiento de los mercados.

La sostenibilidad está emergiendo como un factor cada vez más importante en las decisiones de inversión y en la gestión de riesgos. Los inversores están reconociendo los riesgos asociados con el cambio climático y la importancia de integrar consideraciones ambientales, sociales y de gobernanza (ESG) en sus carteras. Este enfoque en la sostenibilidad probablemente seguirá creciendo en el futuro, impulsando la demanda de productos financieros sostenibles y éticos.

Por otra parte, la globalización y la fragmentación son fuerzas que coexisten en los mercados financieros. Si bien la globalización ha permitido una mayor integración de los mercados y acceso a oportunidades de inversión en todo el mundo, también enfrentamos desafíos relacionados con la fragmentación y la regionalización de los mercados. En el futuro, es probable que veamos un equilibrio continuo entre estas dos fuerzas, con implicaciones significativas para inversores y empresas.

A medida que miramos hacia el futuro, es importante reconocer tanto los desafíos como las oportunidades que enfrentaremos en los mercados financieros. Desde la gestión de riesgos y la regulación hasta la búsqueda de nuevas oportunidades de inversión y crecimiento, los mercados continuarán ofreciendo un terreno fértil para la innovación y el desarrollo económico.

En conclusión, los mercados financieros seguirán evolucionando en respuesta a cambios económicos, tecnológicos y sociales. Mantenerse al tanto de estas tendencias y adaptarse a ellas será fundamental para navegar con éxito en un entorno cada vez más complejo y dinámico.

En este sentido debe señalarse que, si bien el mercado de valores condensa el crecimiento de la riqueza global a lo largo del tiempo, y por lo tanto en el largo plazo muy probablemente será siempre alcista, en el corto plazo, todos los mercados funcionan como un juego de suma cero, en el que las ganancias de uno son las pérdidas de otro.

Esto implica que debemos ser conscientes que ponemos nuestro dinero en un juego en el que estamos rodeados de tiburones, con infinitos medios técnicos y humanos y acceso directo a las fuentes más directas de información, y con las más afinadas estrategias para, dicho mal y pronto, desplumarnos.

Por todo ello, siempre debemos actuar con la máxima la prudencia a la hora de lanzarnos al proceloso, complejo y apasionante mundo de la inversión.

Una de las recomendaciones más básicas, pero en todo caso fundamental, es diversificar nuestra cartera de inversiones. Al distribuir nuestras inversiones en diferentes clases de activos, sectores y geografías, podemos reducir nuestra exposición a riesgos específicos y mejorar el potencial de rendimiento a largo plazo.

Es fundamental tener un buen entendimiento de los mercados en los que invertimos. Esto implica formarnos de manera continua sobre los diferentes activos financieros en los que invertimos, sus características y los factores que pueden influir en sus precios. Cuanto más informado estemos, mejor equipados avanzaremos en esta aventura.

También, antes de invertir, es importante establecer objetivos financieros claros y comprender de manera cruda nuestra tolerancia al riesgo. Esto nos ayudará a determinar el tipo de inversiones que nos resultan más adecuadas y a crear una estrategia de inversión coherente que se alinee con nuestras metas y nuestra capacidad para asumir riesgos.

Los mercados financieros pueden ser volátiles y pueden experimentar fluctuaciones significativas en el corto plazo. Es importante mantener la calma y la disciplina durante estos períodos y no dejarnos llevar por las emociones. Mantener un enfoque a largo plazo y evitar reacciones impulsivas puede ayudarnos a alcanzar nuestros objetivos financieros.

Es recomendable revisar regularmente nuestra cartera de inversiones para asegurarnos de que sigue alineada con nuestros objetivos y nuestra tolerancia al riesgo. Esto puede implicar tener que ajustar nuestra asignación de activos, realizar cambios en nuestra cartera o eliminar inversiones que ya no cumplen con nuestros criterios de inversión.

Si ante todo esto nos sentimos abrumados por la complejidad de los mercados financieros o necesitamos orientación personalizada, considerar la posibilidad de buscar asesoramiento profesional puede ser una buena opción. Un asesor financiero calificado puede ayudarnos a desarrollar una estrategia de inversión adecuada y a tomar decisiones informadas sobre nuestro patrimonio financiero.

En resumen, al invertir en los mercados financieros, es importante tener en cuenta estos consejos y adaptarlos a nuestra situación financiera y objetivos personales. Al hacerlo, podemos aumentar nuestras posibilidades de éxito y construir una cartera de inversión sólida y diversificada a largo plazo, que nos permita alcanzar la tranquilidad y la libertad financiera.

oBscura Markets está compuesto por un grupo de inversores con años de experiencia en los mercados y en la gestión económica y financiera.

Nuestro compromiso es acercar el complejo mundo de la inversión al público en general, de manera accesible y transparente, sin promesas vacías ni ilusiones fugaces, pero de una forma solvente y centrada en las nuevas tendencias en el mundo de la inversión.

Nos esforzamos por ofrecer respuestas claras y directas a interrogantes fundamentales que a nosotros mismo nos han surgido a lo largo de nuestros años de dedicación en este ámbito. Esta cercanía nos permite entender las necesidades y preocupaciones que a todos nos ocupan en el arduo camino hacia la libertad financiera.

www.ingramcontent.com/pod-product-compliance
Lightning Source LLC
Chambersburg PA
CBHW071054240526
45471CB00015B/1937